JN484904

| 서문 |

오늘을 견디고, 내일을 연다.

사람은 누구나 삶의 어느 지점에서 길을 잃습니다. 때로는 한순간의 판단이, 때로는 피할 수 없었던 사정들이 우리를 원하지 않았던 방향으로 이끌기도 합니다. 수용기관의 담장 너머, 세상과 단절된 채 지난날을 되짚으며 자문하는 그 시간 속에서 누군가는 묻습니다.

"나는 다시 살아갈 수 있을까?"

『수용자를 위한 실전 Q&A』로서 이 책, 『오늘을 견디고, 내일을 연다(자매서 『다시 삶의 이름으로』)는 바로 그 질문에 대한 작지만 단단한 대답입니다. 체포의 순간부터 수용, 그리고 사회 복귀에 이르기까지 한 사람의 삶을 휘감는 그 전 과정을 담담히, 그리고 따뜻하게 안내하고자 여러 후배 법률가들이 오랜 시간 정성을 다해 집필에 참여해 주었습니다.

저는 이 책의 전반적인 구성을 기획하고, 방향을 조율하며, 원고를 최종 감수하는 역할을 맡았습니다. 그러나 이 책이 세상에 나올 수 있었던 진정한 힘은 후배 법률가들의 헌신에서 비롯되었습니다. 저는 이 귀한 작업의 마지막 걸음을 원고를 감수하며, 그 속에 담긴 따뜻한 시선과 치열한 고민에 깊이 감동하였습니다. 이 책은 전적으로 후배들의 작품이며, 누구보다 수용자의 목소리에 귀 기울이고자 했던 진심의 결과물임을 자신 있게 말씀드립니다.

그간 수많은 교정시설 관련 도서들이 출간되어 왔지만, '살아가는 법'을 알려주는 책은 드물었습니다. 이 책은 단지 법률정보를 내어놓는 데 그치지 않고, 수용자 다수가 처한 시점에서 지금 꼭 필요한 정보는 무엇인지, 어떤 마음가짐으로 일상을 견디고 미래를 준비할 것인지에 대한 실질적인 나침반이 되어줄 것입니다.

저는 이 책이 수용자 여러분에게 삶을 반추하고, 자신을 성찰하며, 새로운 인생을 설계하는 데 실질적인 도움이 되리라 믿습니다. 아울러 이 책이 교정 공무원과 보호자, 그리고 법률가 모두가 수용자의 고통과 재출발의 의미를 더 깊이 이해하도록 이끌어주는 따뜻한 동행자'이기도 합니다.

저는 이 책이 여러분에게 삶의 방향을 다시 찾을 수 있도록 이끌어주는 따뜻한 동행자'이기도 합니다. 단절의 시간 속에서 성찰하고, 그 안에서 삶의 방향을 다시 찾을 수 있도록 이끌어주는 따뜻한 동행자'이기도 합니다.

아무쪼록 이 책이 교정 공무원과 보호자, 그리고 법률가 모두가 수용자의 고통과 재출발의 의미를 더 깊이 이해하는 데 유용한 길잡이가 되기를 바랍니다.

작은 책 한 권이 누군가의 인생을 다시 이어주는 시작점이 될 수 있다면, 그것은 분명 책이 할 수 있는 가장 숭고한 일이 아닐 수 없습니다. 절망의 공간에서 다시 희망을 꺼내 드는 순길 위에, 이 책이 함께 놓이기를 바랍니다. 아울러 이 책이 출판될 수 있도록 지원과 조언을 아끼지 않으신 중곡문화사 원종한 대표님, 허양구 선배님께 감사의 뜻을 표합니다.

이 책을 펼치는 모든 이가 좌절보다는 용기, 낙담보다는 가능성을 선택하게 되기를 진심으로 응원합니다.

2025년 7월
변호사 이홍주 (집필 총괄 및 감수자)

03

| 추천사 |

김형태 변호사 (천주교인권위원회 이사장)

"모든 국민은 인간으로서의 존엄과 가치를 가진다." 우리 헌법 제10조는 선언은 물론 아인도 인간으로서의 존엄과 가치가 있음을 분명히 하고 있습니다. 나쁜 마음에서 그랬건, 순간적 실수로 그랬건, 일단 범죄에 연루되어 수사와 재판을 받고, 결국 감옥에 갇히게 되는 상황에서 인간의 존엄성을 유지하기는 정말 어렵습니다. 많은 사람들이 정보의 부족과 낯선 교정환경 속에서 불안에 휩싸인 채 하루하루를 견디고 있습니다.

이 책은 그와 같은 절박한 현실 속에서 수행자들이 반드시 알아야 할 법률에 대해 방법을 물론, 혼란을 다스리는 마음가짐, 수행 생활 중 동료나 교도관, 가족들과의 관계 맺기, 적업훈련, 사회로의 순조로운 복귀에 이르기까지 전 과정을 세심하게 안내합니다. 특히 Q&A 형식으로 구성된 현실적인 조언들은 실용성과 이해도를 높여주며, 처음 접하는 이들에게도 친절하게 다가옵니다.

무엇보다 인상적인 점은 이 책이 단순한 법률 안내서가 아니라, 수용자의 입장에서 삶을 회복해나가기 위한 실제적인 지침을 담고 있다는 점입니다. 법과 지침의 딱딱한 언어를 사람의 온기가 느껴지는 언어로 설명하는 이 책의 서술 방식은, 감옥이라는 폐쇄적인 공간에서조차 인간다운 삶을 지켜내고자 하는 글쓴이들의 진심을 느낄 수 있습니다.

감옥에서 방향을 잃고 방황하기 쉬운 수용자들에게 이 책은 하나의 등대와 같은 존재가 될 것입니다. 뿐만 아니라 수행자는 물론 그들을 돕는 변호사들에게도 아주 큰 도움이 되리라 기대합니다.

이탄희 변호사 (제21대 국회의원)

교도소와 구치소는 죄를 별하는 공간인 동시에, 한 인간이 자신의 삶을 성찰하고 새로운 시작을 준비할 수 있는 마지막 기회이기도 합니다. 하지만 현실의 수용시설은 법률 정보의 부재, 외부와의 단절, 미래에 대한 막막함으로 인해 수용자가 쉽게 방향을 잃고 고립되기 쉬운 공간입니다.

이 책 『다시』는 삶의 이음으로는 그러한 공간에서 희망을 견디고 있는 이들을 위한 나침반이자 생존 매뉴얼입니다. 체포 순간의 혼란에서부터, 구속 여부를 결정하는 영장실질심사, 교정시설에서의 적응, 출소 이후의 사회 복귀까지 — 수용자가 겪게 되는 전 과정을 시간 순으로 정리해 체계적으로 안내합니다. 특히 절차의 흐름과 자신의 권리를 아는 것이 왜 중요한지, 변호사와 어떻게 신뢰 관계를 형성할 수 있는지, 당장 필요한 선택을 어떻게 해야 하는

글용명 (교도소연구소장, 전 안동교도소장)

교도소라는 공간으로의 전이(轉移)는 당사자뿐만 아니라 가족에게까지도 큰 충격과 혼란을 안겨줍니다. 수용자와 가족 모두는 자유를 잃은 낯선 환경에 적응하며 불안하고 힘든 시간을 보내면서 지푸라기라도 잡는 심정으로 하루라도 빨리 이 세상 속에서 빠져나가기 위해 다양한 방법을 찾고 고민하게 됩니다.

이 책은 체포부터 재판, 수용 생활, 그리고 출소 후 사회로 다시 적응하기까지의 전 과정을 실제 사례와 법적 절차를 바탕으로 자세히 정리하고 있습니다. 단순한 법률 안내서를 넘어, 수용자의 재사회화를 돕는 실질적인 길잡이 역할을 합니다. 나이가 이후의 생활 등을 Q&A 형식으로 쉽게 풀어내 누구나 이해하기 쉽게, 심리적 어려움, 가족과의 관계, 자기 계발, 출소 준비, 사회 복귀 이후의 생활 등을 Q&A 형식으로 쉽게 풀어내 누구나 이해하기 쉽습니다. 수용자와 그 가족들에게 가장 먼저 전내야 할 따뜻한 손길과도 같은 일반 독자에게도 공감과 이해, 나아가 희망과 공존의 가치를 전하고 있습니다. 모든 분들께 이 책을 진심으로 추천드립니다.

지를 Q&A 형식으로 명확하게 설명하는 부분이 돋보입니다.

또한 이 책은 단순한 정보 제공에 머무르지 않고, 수용 생활을 '범취버린 시간'이 아닌 '나를 성찰하는 시간'으로 전환할 수 있도록 돕습니다. 분노와 마음의 건강을 유지하는 법, 체력된 환경 속에서도 미래를 준비하는 기술, 단절된 가족과의 관계 회복 방법 등은 수용자의 일상에 깊이 스며들어 있는 문제들을 다루고 있다는 수용자들을 단순한 교화 대상이 아닌, 스스로 삶을 재건할 수 있는 능동적 주체로 바라보는 시선을 보여줍니다.

이 책은 수용자 본인만을 위한 것이 아닙니다. 함께 고통받는 가족에게는 마음을 다루는 법률과 처벌, 범정기와 교정 공무원에게는 수용자의 인권을 길이 이해하는 마음의 가장 낮은 곳에서의 이 사회의 인권 수준을 결정한다는 점에서, 이 책은 한 사람의 실제를 제공합니다. 가장 낮은 곳에서 보내온 진심 어린 고통체의 결문에 응답하는 소중한 출발점이 될것입니다.

이 책이 닫고 있는 수많은 질문과 공간은 차가운 벽 안에서도 이들에게는 법적 방패가 되고, 삶의 용기를 복돋는 등불이 되기를 바랍니다. 절망의 자리에서 희망의 씻을을 틔우고자 하는 모든 분들께 이 책이 따뜻한 동반자가 되어주리라 믿으며 기쁜 마음으로 추천합니다.

CONTENTS

오늘을 견디고, 내일을 읽다

- 02 서문
- 04 축전사
- 08 각종 양식
- 28 탄성문 및 탄원서
- 63 다시, 삶의 이름으로 Q&A 목차
- 73 스트레칭 의의와 방법 효과
- 78 기관 연락처
- 81 저자 소개

제1부: 수사 및 재판 준비 단계 (미결수용자)

구속적부심사청구서

사 건 : [사건번호 입력 필요] (예: 2025 형제 12345)
피 의 자 : [피의자 성명 입력 필요]
청 구 인 : [청구인 성명 및 피의자와의 관계 입력 필요]
(예: 변호인 법무법인 OOO, 담당변호사 OOO)

청 구 취 지

피의자에 대한 구속영장의 집행을 취소하고 피의자를 석방하여 주시기 바랍니다.

청 구 이 유

[구체적인 청구 이유 기재 필요]
(예시)
가. 범죄 혐의의 소명이 부족합니다.
나. 도망할 염려가 없습니다. (주거 일정, 가족관계 등 기재)
다. 증거를 인멸할 염려가 없습니다. (증거 수집 상황 등 기재)
라. 따라서 피의자에 대한 구속은 부당하므로 조속히 석방하여 주시기 바랍니다.

첨 부 서 류

1. [소명자료 목록 기재]

20 . . .

위 청구인 이몽룡 (인)

[관할 법원명 입력 필요] 귀중 (예: 서울중앙지방법원)

[유의사항]

1. 청구권자: 체포 또는 구속된 피의자 또는 그 변호인, 법정대리인, 배우자, 직계친족, 형제자매나 가족, 동거인 또는 고용주는 관할 법원에 체포 또는 구속의 적부심사를 청구할 수 있습니다(형사소송법 제214조의 2 제1항).

2. 청구 사유: 체포 또는 구속의 위법성 또는 부당성을 주장할 수 있습니다. 구체적으로는 ① 구속의 요건(범죄의 중대성, 재범의 위험성, 피해자 및 중요 참고인 등에 대한 위해 우려 있거나, ② 구속 사유(주거부정, 증거인멸 염려, 도망 염려)가 없음에도 구속된 경우, ③ 구속 과정에 위법이 있었던 경우 등을 주장할 수 있습니다.

3. 심문 및 결정: 법원은 청구서가 접수된 때부터 48시간 이내에 피의자를 심문하고 수사관계서류와 증거물을 조사하여 그 청구가 이유 없다고 인정한 때에는 결정으로 이를 기각하고, 이유 있다고 인정한 때에는 결정으로 체포 또는 구속된 피의자의 석방을 명하여야 합니다(형사소송법 제214조의 2 제4항).

4. 재청구의 제한: 법원의 기각결정 또는 석방결정에 대하여는 항고할 수 없으며, 구속적부심사청구가 기각된 경우, 청구권자는 동일한 체포영장 또는 구속영장의 발부에 대하여 다시 심사를 청구하지 못합니다(형사소송법 제214조의 2 제8항, 제10항).

국선변호인 선정 청구서

사 건 : [사건번호 입력 필요] (예: 2025 고단 1234)
피 고 인 : [피고인 성명 입력 필요]
주민등록번호 : [주민등록번호 입력 필요]
주 소 : [피고인 주소 입력 필요]
연 락 처 : [피고인 연락처 입력 필요]

위 피고인은 아래와 같은 사유로 변호인을 선임할 수 없어 국선변호인 선정을 청구하오니 국선변호인 선정을 청구하오니 허가하여 주시기 바랍니다.

청 구 이 유
(해당 사유에 ■ 또는 V 표시)

☐ 피고인이 구속된 때
☐ 피고인이 미성년자인 때
☐ 피고인이 70세 이상인 때
☐ 피고인이 농아자인 때
☐ 피고인이 심신장애의 의심이 있는 때
☐ 피고인이 빈곤 그 밖의 사유로 변호인을 선임할 수 없는 때 (※ 소명자료 첨부 필요)

첨 부 서 류

[소명자료 목록 기재] (예: 국민기초생활수급자 증명서 1통)

20   .   .   .

위 청구인 이 몽 룡 (인)

[관할 법원명 입력 필요] 귀중 (예: 서울중앙지방법원)

[유의사항]

1. 신청 사유: 국선변호인 선정 사유는 형사소송법 제33조에 규정되어 있습니다.

○ 필요적 변호사건 (법원 직권 선정): ① 피고인이 구속된 때, ② 미성년자일 때, ③ 70세 이상일 때, ④ 농아자일 때, ⑤ 심신장애의 의심이 있을 때, ⑥ 사형, 무기 또는 단기 3년 이상의 징역이나 금고에 해당하는 사건으로 기소된 때에는 변호인이 없는 경우 법원이 직권으로 국선변호인을 선정합니다.

○ 청구에 의한 선정: 위 사유에 해당하지 않더라도 피고인 또는 피의자가 빈곤이나 그 밖의 사유로 변호인을 선임할 수 없을 때에는 법원에 국선변호인 선정을 청구할 수 있습니다. 이 경우 법원은 사정을 심사하여 선정 여부를 결정합니다.

2. 소명자료: '빈곤'을 사유로 청구하는 경우에는 국민기초생활보장수급자 증명서, 차상위계층 확인서, 한부모가족 증명서, 장애인등록증 등 경제적 어려움을 소명할 수 있는 자료를 첨부해야 합니다.

3. 제출 시기: 피고인으로 공소가 제기된 이후 언제든지 법원에 제출할 수 있습니다.

4. 영장실질심사 단계: 피의자에 대한 구속영장이 청구되고 피의자가 변호인이 없는 경우, 판사는 직권으로 국선변호인을 선정하여야 합니다(형사소송규칙 제99조 제2항). 이 경우 별도의 신청 청구가 필요 없습니다.

보석허가청구서

사 건 : [사건번호 입력 필요] (예: 2025 고합 123)
피 고 인 : [피고인 성명 입력 필요]
청 구 인 : [청구인 성명 및 피고인과의 관계 입력 필요]
(예: 변호인 법무법인 OOO, 담당변호사 OOO)

청 구 취 지

피고인에 대한 보석을 허가하여 주시기 바랍니다.

청 구 이 유

[구체적인 청구 이유 기재 필요]
(예시) 가. 피고인은 자신의 범죄사실에 대하여 깊이 뉘우치고 반성하고 있습니다.
나. 피고인은 주거가 일정하고, 부양해야 할 가족이 있어 도망할 염려가 없습니다.
다. 본건의 주요 증거는 모두 수집되어 증거를 인멸할 염려가 없습니다.
라. 피고인은 고혈압(또는 지병)으로 장기간의 구금 생활을 감내하기 어려운 건강 상태에 있습니다.
마. 피고인은 불구속 상태에서 재판을 받으며 피해자의 피해 회복을 위해 최선의 노력을 다하고자 합니다.
바. 따라서 피고인에게 보석보증금 납부 등 적당한 조건을 붙여 보석을 허가하여 주시기 바랍니다.

첨 부 서 류

[소명자료 목록 기재] (예: 가족관계증명서, 재직증명서, 진단서 등)

20 . . .

위 청구인 이 몽 룡 (인)

[관할 법원명 입력 필요] 귀중 (예: 서울중앙지방법원)

[유의사항]

1. 청구권자: 피고인, 변호인, 법정대리인, 배우자, 직계친족, 형제자매, 가족, 동거인 또는 고용주는 법원에 피고인의 보석을 청구할 수 있습니다(형사소송법 제97조 제1항).

2. 보석의 종류:

○ **필요적 보석**: 보석 청구가 있는 때에는 법원은 아래의 예외사유에 해당하지 않는 한 보석을 허가하여야 합니다(형사소송법 제95조).

 피고인이 사형, 무기 또는 장기 10년이 넘는 징역이나 금고에 해당하는 죄를 범한 때

 피고인이 누범에 해당하거나 상습범인 죄를 범한 때

 피고인이 죄증을 인멸하거나 인멸할 염려가 있다고 믿을 만한 충분한 이유가 있는 때

 피고인이 도망하거나 도망할 염려가 있다고 믿을 만한 충분한 이유가 있는 때

 피고인의 주거가 분명하지 아니한 때

 피고인이 피해자, 당해 사건의 재판에 필요한 사실을 알고 있다고 인정되는 자 또는 그 친족의 생명·신체나 재산에 해를 가하거나 가할 염려가 있다고 믿을 만한 충분한 이유가 있는 때

○ **임의적 보석**: 위 필요적 보석의 예외사유에 해당하더라도, 법원은 상당한 이유가 있는 때에는 직권 또는 청구에 의하여 결정으로 보석을 허가할 수 있습니다(형사소송법 제96조).

3. 보석의 조건: 법원은 보석을 허가하는 경우 피고인의 자력 정도 등을 고려하여 다양한 조건을 정할 수 있습니다(형사소송법 제98조). 예컨대, 법원이 정하는 보증금 납부, 제한, 피해 회복 노력, 특정인 접근금지 등이 있습니다.

4. 제출 시기: 공소 제기 후 구속된 피고인에 대하여 판결 선고 전까지 청구할 수 있습니다.

5. 보석의 취소: 법원은 피고인이 도망한 때, 도망하거나 죄증을 인멸할 염려가 있다고 믿을 만한 충분한 이유가 있는 때, 정당한 사유 없이 출석하지 아니한 때, 주거의 제한 기타 법원이 정한 조건을 위반한 때 등에는 직권 또는 검사의 청구에 의하여 결정으로 보석을 취소할 수 있습니다(형사소송법 제102조 제2항).

공판기일 연기신청서

사 건 : [사건번호 입력 필요] [죄명 입력 필요] (예: 2025 고단 1234 사기)
피고인 : [피고인 성명 입력 필요]
(현재 [구치소명 입력 필요]에 수감 중)

위 사건에 관하여 [원래 공판기일 날짜 및 시간 입력 필요]으로 지정된 공판기일을 추후 지정하여 주시기 바랍니다.

신 청 이 유

1. 존경하는 재판장님. 피고인은 현재 [구치소명 입력 필요]에 구금되어 재판을 받고 있습니다.
2. 피고인은 아직 변호인을 선임하지 못하였습니다. 구금된 상태에 있어 가족과의 접견이나 외부와의 소통이 자유롭지 못하여 변호인 선임을 위한 상담이나 조력을 받기에 어려움이 많습니다. 현재 가족들을 통하여 변호인 선임을 알아보고 있으나, 적합한 변호인을 선임하기까지 시간이 조금 더 필요한 상황입니다.
3. 피고인으로서는 변호인의 충분한 법적 조력을 받아 충실히 재판에 임하고 싶습니다. 변호인 선임 없이 공판기일이 진행된다면 피고인의 방어권이 실질적으로 보장받기 어려울 수 있다는 점을 부디 헤아려 주시기 바랍니다.
4. 이에 존경하는 재판장님께서는 피고인의 사정을 참작하시어, 다가오는 공판기일을 한 차례 연기하여 주시길 간곡히 부탁드립니다.

20 . . .

위 청구인 이 몽 룡 (인)

[관할법원 입력 필요] 법원 제 O 형사부(단독) 귀중

【유의사항】

1. 신청이유의 구체성 및 설득력
   - 단순히 '준비한다'는 추상적인 사유보다는, 재판부가 납득할 수 있는 구체적이고 타당한 이유를 제시해야 합니다.
   - 특히 수감 중인 피고인의 경우, '피해자와의 합의 시도'는 주장 가능한 사유 중 하나입니다. 합의는 실형 가능성을 낮춰주는 중요한 양형 요소이므로 재판부에서 기회를 주는 경우가 많습니다.
   - 합의 진행 상황을 구체적으로 기재하면(예: "가족을 통해 피해자와 연락하여 합의금 조율 중입니다") 설득력이 높아집니다.

2. 소명자료의 활용
   - 신청이유를 뒷받침할 수 있는 객관적인 자료가 있다면 반드시 첨부하는 것이 좋습니다.
   - 예를 들어, 건강 악화가 사유라면 의사 소견서나 진단서를, 증인 신청 중이라면 사정을 설명하는 자료 등을 첨부할 수 있습니다.

3. 신속한 제출
   - 공판기일이 임박해서 신청서를 제출하면 재판부에 좋지 않은 인상을 줄 수 있으며, 신청이 받아들여지지 않을 가능성이 높습니다.
   - 연기 필요성이 발생한 즉시, 늦어도 공판기일 3~5일 전에는 제출하는 것이 바람직합니다.

4. 정중하고 간곡한 어조
   - 기일 연기는 재판부의 재량에 속하는 사항이므로, 명령조나 당연한 권리를 주장하는 듯한 표현은 피해야 합니다.
   - "~주시길 간곡히 청합니다", "~너그러이 해아려 주시기 바랍니다" 등 정중하고 간곡한 표현을 사용하여 재판부의 허가를 구하는 자세를 보이는 것이 중요합니다.

5. 수감 사실의 강조
   - 피고인이 수감 중이라는 특수한 상황을 절절히 언급하여 방어권 행사에 제약이 있음을 부각하는 것이 좋습니다. 예를 들어, "구금 상태에 있어 증거 수집에 어려움이 많습니다" 와 같이 기재할 수 있습니다.

제2부: 재판 불복단계

항 소 장

사 건 : [사건번호 입력 필요] (예: 2025 고단 1234)
죄 명 : [죄명 입력 필요] (예: 사기)
피 고 인 : [피고인 성명 입력 필요]
주민등록번호 : [주민등록번호 입력 필요]
주 소 : [피고인 주소 입력 필요]
연 락 처 : [피고인 연락처 입력 필요]

위 피고인에 대한 위 사건에 관하여 제1심 법원은 [1심 판결 선고일자 입력 필요] 피고인에 대하여 [1심 선고 형량 입력 필요](예: 징역 1년)을 선고하였는바, 피고인은 위 판결에 전부 불복하므로 이에 항소를 제기합니다.

20 . .

위 청구인 이 몽 룡 (인)

[항소심 법원명 입력 필요] 귀중 (예: 서울고등법원)

[유의사항]

1. **제출 법원**: 항소장은 판결을 선고한 1심 법원에 제출해야 합니다(형사소송법 제359조).

2. **제출 기한**: 판결 선고일로부터 7일 이내에 제출해야 합니다(형사소송법 제358조). 이 기간은 불변기간이므로 반드시 준수해야 합니다.

3. **불복의 범위**:

   전부 불복: 판결 주문(유/무죄, 형량) 및 판결 이유(사실인정, 법리판단) 전체에 대해 다투는 경우입니다. 위 양식은 전부 불복을 전제로 작성되었습니다.

   일부 불복: 판결의 일부에 대해서만 다투는 경우(예: 유죄는 인정하나 양형부당만 주장하는 경우)에는 불복의 범위를 명확히 기재할 수 있습니다.

   (기재례) "...피고인에 대하여 징역 1년을 선고하였는바, 피고인은 위 판결 중 **양형에 관하여만 불복하므로** 이에 항소를 제기합니다."

4. **항소이유서 제출**: 항소장에는 구체적인 항소 이유를 기재하지 않아도 됩니다. 항소 법원으로부터 **소송기록접수통지**를 받은 날로부터 **20일 이내에** 상세한 이유를 기재한 **항소이유서를 항소 법원**에 제출해야 합니다(형사소송법 제361조의3 제1항). 이 기간 내에 항소이유서를 제출하지 않으면 항소 기각 결정을 받을 수 있으므로 기한을 반드시 준수해야 합니다(형사소송법 제361조의4 제1항).

상 고 장

사 건 : [사건번호 입력 필요] (예: 2025 고단 1234)
죄 명 : [죄명 입력 필요] (예: 사기)
피 고 인 : [피고인 성명 입력 필요]
주민등록번호 : [주민등록번호 입력 필요]
주 소 : [피고인 주소 입력 필요]
연 락 처 : [피고인 연락처 입력 필요]

위 피고인에 대한 위 사건에 관하여 항소심 법원([원심 법원명 입력 필요], 예: 서울고등법원)은 [항소심 판결 선고일자 입력 필요] 피고인에 대하여 [항소심 선고 형량 입력 필요](예: 징역 10 월)을 선고하였는바, 피고인은 위 판결에 **전부 불복**하므로 이에 상고를 제기합니다.

20   .   .   .

위 청구인 이 몽 룡 (인)

대법원 귀중

[유의사항]

1. **제출 법원**: 상고장은 **판결을 선고한 원심 법원(항소심 법원)**에 제출해야 합니다(형사소송법 제376조).

2. **제출 기한**: 항소심 판결 선고일로부터 7일 이내에 제출해야 합니다(형사소송법 제374조). 이 기간은 불변기간이므로 반드시 준수해야 합니다.

3. **상고이유서 제출**: 상고 법원으로부터 **소송기록접수통지서**를 받은 날로부터 **20일 이내**에 상세한 이유를 기재한 **상고이유서**를 **대법원**에 제출해야 합니다(형사소송법 제379조 제1항). 이 기간 내에 상고이유서를 제출하지 않으면 상고 기각 결정을 받게 됩니다(형사소송법 제380조).

4. **상고이유의 제한**: 형사소송법 제383조는 상고이유를 엄격히 제한하고 있습니다. 단순한 사실오인이나 양형부당(단, 사형, 무기 또는 10년 이상의 징역이나 금고가 선고된 사건 제외)은 적법한 상고이유가 될 수 없습니다. 적법한 상고이유는 다음과 같습니다.

   ○ 판결에 영향을 미친 헌법·법률·명령 또는 규칙의 위반이 있는 때
   ○ 판결 후 형의 폐지나 변경 또는 사면이 있는 때
   ○ 재심청구의 사유가 있는 때
   ○ 사형, 무기 또는 10년 이상의 징역이나 금고가 선고된 사건에 있어서 중대한 사실의 오인이 있어 판결에 영향을 미친 때 또는 형의 양정이 심히 부당하다고 인정할 현저한 사유가 있는 때

제3부 기타

압수물 환부/가환부 신청서

사 건 : [사건번호 입력 필요] (예: 2025 고단 1234)
죄 명 : [죄명 입력 필요] (예: 절도, 사기 등)
피고인(피의자) : [피고인(피의자) 성명 입력 필요]
신 청 인 : [신청인 성명 입력 필요]
주 소 : [주소 입력 필요]
연 락 처 : [연락처 입력 필요]
피고인(피의자)과의 관계 : [관계 입력 필요] (예: 피해자, 소유자)

위 사건에 관하여 귀 원(청, 서)에서 증거품으로 압수 중인 아래 기재 물건에 대하여 환부(또는 가환부)하여 주시기 바랍니다.

[환부·가환부를 신청하는 압수물]

압수목록 순번	품 명	수 량	특 징	비 고
[번호 입력]	[품명 입력]	[수량 입력]	[특징 입력]	[비고 입력]
[번호 입력]	[품명 입력]	[수량 입력]	[특징 입력]	[비고 입력]
[번호 입력]	[품명 입력]	[수량 입력]	[특징 입력]	[비고 입력]

신 청 이 유

1. 압수 경위

신청인은 위 사건의 피해자(또는 소유자)로서, [압수일자경 수사기관(또는 법원)은 피고인(피의자)[피고인(피의자) 성명 입력 필요]으로부터 위 압수물 목록 기재 물건(이하 '이 사건 압수물'이라 합니다)을 압수하여 현재까지 보관하고 있습니다.

2. 신청인의 권리 및 환부·가환부의 필요성

가. 이 사건 압수물은 신청인의 정당한 소유물로서, [소유 경위 또는 피해 사실 등 구체적 사유 기재]입니다.

나. 형사소송법은 압수물을 계속할 필요가 없다고 인정되는 압수물에 대하여 공소제기 전이라도 소유자, 소지자, 보관자 또는 제출인의 청구가 있는 때에는 환부 또는 가환부하여야 한다고 규정하고 있습니다(형사소송법 제218조의2). 또한, 압수한 장물로서 피해자에게 환부할 이유가 명백한 것은 판결로써 피해자에게 환부하는 선고를 하여야 합니다(형사소송법 제333조 제1항).

다. 이 사건 압수물은 증거물로서의 가치에 대한 조사가 충분히 이루어졌거나 사본 등으로 그 목적이 달성되어 더 이상 압수를 계속할 실익이 없습니다.

라. (가환부가 필요한 경우) 특히, 이 사건 압수물은 신청인의 생계유지 또는 일상생활에 필수적인 물건으로서, 압수가 계속됨으로 인하여 신청인이 겪는 불편과 손해가 막심한 상황입니다.

마. 따라서 신청인에게 이 사건 압수물을 조속히 환부(또는 가환부)하여 주시기 바랍니다.

바.

소 명 자 료

1. 소갑 제1호증 [소유권 증명 서류(예: 구매영수증, 보증서 등) 입력 필요]
1. 소갑 제2호증 [신분증 사본 등 신청인 자격 증명 서류 입력 필요]

첨 부 서 류

1. 위 소명자료 각 1통

20 . .

위 신청인 이몽룡 (인)

[제출 입력 필요] 귀중

[유의사항]

압수물 가환부 청구서를 작성하실 때에는 다음 사항들을 유의하여 청구가 인용될 가능성을 높이는 것이 중요합니다.

1. 청구 주체 및 시기 확인

- 청구권자 ☞ 압수물의 「소유자, 소지자, 보관자 또는 제출인」이 청구할 수 있습니다. 피의자나 피고인이 아니더라도 실질적인 권리자라면 청구 가능합니다.

- 청구 시점 및 대상 기관:

  ▲ 공소제기 전 (수사 단계): 검사에게 청구해야 합니다. 사법경찰관이 압수한 경우에도 검사의 지휘를 받아 처리되므로, 최종 처분 권한은 검사에게 있습니다. (형사소송법 제 218 조의 2)

  ▲ 공소제기 후 (재판 단계): 사건이 계속 중인 법원에 청구해야 합니다. 제공된 양식이 '법원 귀중'이라는 문구는 공소제기 후 법원에 제출하는 경우를 상정한 것입니다. (형사소송법 제 133 조)

2. 가환부 대상 압수물 특정

- 가환부의 대상은 원칙적으로 증거에 사용할 압수물에 한정됩니다.

- '몰수'의 대상이 되는 압수물은 원칙적으로 가환부가 허용되지 않습니다. (대법원 1966. 1. 28. 선고 65 모 21 결정) 따라서 청구 대상 물건이 몰수 대상이 아님을 명확히 주장하는 것이 중요합니다.

- 다만, 몰수 여부가 법원의 재량에 맡겨진 '임의적 몰수' 대상물의 경우, 가환부가 허용될 여지가 있습니다.

3. 청구 이유의 구체적이고 설득력 있는 기재

법원이나 검사는 여러 사정을 종합하여 기환부 여부를 결정하므로, 아래와 같은 내용을 구체적으로 작성하여 기환부의 필요성을 적극적으로 주장해야 합니다(대법원 2017. 9. 29. 선고 2017모236 결정, 대법원 1994. 8. 18. 선고 94모42 결정).

가. 압수 계속의 불필요성: 해당 압수물이 증거로서의 가치가 낮거나, 이미 사진 촬영, 디지털 포렌식 등으로 증거 조사가 완료되어 더 이상 실물을 유지할 필요가 없다는 점을 강조합니다. (형사소송법 제133조 제2항)

나. 피압수자의 불이익: 압수가 계속됨으로 인해 청구인이 입는 경제적, 신분상, 생활상의 불이익(예: 생계유지 곤란, 업무 중단 등)을 구체적으로 설명하여 설득력을 높입니다.

다. 증거 인멸·훼손 위험 부존재: 기환부 반대라도 압수물을 선량하게 보관하고, 수사기관의 요구 시 즉시 제출할 것임을 명확히 하여 증거 인멸 등의 우려가 없음을 밝힙니다.

라. 범죄의 경중 및 태양: 사전 자체가 비교적 경미하고, 압수물이 범죄의 핵심 증거가 아니라는 점을 부각하는 것도 좋은 전략이 될 수 있습니다.

4. 반환받을 물건의 정확한 표시

수사기관으로부터 교부받은 '압수목록'을 참고하여, 반환을 원하는 물건의 압수목록상의 순번 등을 정확하게 기재해야 합니다(대법원 2024. 1. 5. 선고 2021모385 결정). 압수물의 명칭, 모델명, 수량, 특징 및 이를 신속하고 정확한 처리를 위해 필수적입니다.

5. 기환부의 법적 효력에 대한 이해

기환부는 압수의 효력이 소멸되는 '환부'와 달리, 압수의 효력을 그대로 유지되면서 점유만을 이전받는 것입니다. 따라서 기환부 받은 물건을 임의로 처분(매각, 폐기 등)해서는 안됩니다.

6. 불복 절차

검사가 기환부 청구를 거부하는 처분을 한 경우, 그 검사가 소속된 검찰청에 대응하는 법원에 준항고를 제기하여 다툴 수 있습니다(헌법재판소 2015. 05. 28. 선고 2014헌마926 결정).

국가인권위원회 진정서

진정인

성 명: [진정인 성명 입력 필요]

주민등록번호: [주민등록번호 입력 필요]

주 소: [수용기관명 및 수용번호 입력 필요] (예: ○○구치소, 수용번호 1234)

연 락 처: [연락 가능한 연락처 입력 필요] (변호인 또는 가족 등)

피진정인

[피진정 기관장 또는 개인의 성명 입력 필요] (예: ○○교도소장)

소 속: [피진정인의 소속 기관명 입력 필요] (예: 법무부 교정본부 ○○교도소)

주 소: [피진정 기관의 주소 입력 필요]

진정의 제목
교도소 내에서의 부당한 처우 및 인권침해 및 의료조치 미비로 인한 인권침해

진정의 취지
피진정인의 진정인에게 행한 인권침해 행위에 대하여 철저히 조사하여, 이에 상응하는 구제조치 및 재발방지 대책을 마련하도록 권고하여 주시기를 바랍니다.

진정의 이유

1. 당사자 관계
진정인은 현재 [수용기관명 입력 필요]에 수용 중인 수형자(또는 미결수용자)이고, 피진정인은 위 수용시설의 관리·운영을 총괄하는 책임자입니다.

2. 인권침해 사실

가. 사건의 경위
- 진정인은 [사건 발생일] [사건 발생 장소(예: 수용동 복도, 운동장 등)]에서 동료 수용자 [관련자 성명 입력 필요]와 사소한 시비가 붙었습니다.
- 당시 주변에 있던 교도관 [교도관 성명 입력 필요]은(는) 양측의 주장을 제대로 듣지 않고, 일방적으로 진정인에게 폭언과 위압적인 태도를 보였습니다.
- 이후 진정인은 위 사건과 관련하여 조사를 받는 과정에서 자신의 입장을 충분히 소명할 기회를 보장받지 못했으며, 진정인의 부상 또는 질병 내용으로 인해 심한 고통을 느끼고 있어 의료적 진료를 요청하였으나, 담당 교도관은 [구체적인 언사를 사용하였습니다. 또한, 진정인은 [질병 내용 입력 필요](예: 금지 10일)의 징벌 처분을 받았으며, 징벌 집행 중에도 필요한 의료적 조치도 취해주지 않았습니다.
- 결국 진정인은 건강 상태가 악화되어 여러 차례 의료 조치를 요청하였으나 계속하여 거부당했습니다.

나. 침해된 권리
- 인간의 존엄과 가치 및 신체의 자유 침해: 헌법 제 10 조 및 제 12 조는 모든 국민의 인간으로서의 존엄과 가치, 신체의 자유를 보장하고 있습니다. 피진정인 소속 교도관은 진정인에게 폭언과 위압적인 언사를 사용하고 정당한 사유 없이 의료 접근을 제한함으로써 진정인의 인격권과 신체의 안전을 침해하였습니다.

25

- 적법절차 원칙 위반: 징벌 절차에서 진정인에게는 자신의 행위를 방어하고 충분히 소명할 기회가 보장되어야 합니다. 그러나 피진정인 측은 일방적인 조사와 판단으로 징벌을 결정하여 적법절차 원칙을 위반하였습니다.

- 건강권 및 의료 접근권 침해: 「행형 집행 및 수용자의 처우에 관한 법률」제 30 조는 수용자의 건강 유지를 위한 적절한 보건의료 및 요양의 조치를 보장하고 있습니다. 진정인이 명백히 신체적 고통을 호소하며 진료를 요청하였음에도 이를 거부한 행위는 진정인의 건강권과 기본적인 의료 접근권을 심각하게 침해한 것입니다.

3. 결론

이상과 같이 피진정인 및 그 소속 직원의 직무상 위법·부당한 직무집행으로 인하여 진정인은 인간으로서의 존엄과 가치를 심각하게 침해당하였고, 적절한 의료 조치를 받지 못하여 신체적, 정신적으로 큰 고통을 겪고 있습니다.

따라서 국가인권위원회에서는 이 사건의 진상을 명백히 밝혀 주시고, 진정인의 침해된 권리 구제를 위하여 피진정인에게 재발 방지 대책 마련 등을 포함한 합당한 조치를 취하도록 강력히 권고하여 주시기 바랍니다.

입증자료

1. [진단서 또는 소견서 (발급 가능한 경우) 1 부]
2. [목격자(동료 수용자 등)의 사실확인서 (확보 가능한 경우) 1 부]
3. [기타 진정인의 주장을 입증할 수 있는 자료]

첨부서류

1. 위 입증자료 각 1 통

20 . . .

위 진정인 이 몽 룡 (인)

국가인권위원회 위원장 귀중

[유의사항]

1. **사실관계의 구체적 서술**: 진정 내용은 감정적인 호소보다는 사실관계를 중심으로 육하원칙(누가, 언제, 어디서, 무엇을, 어떻게, 왜)에 따라 구체적이고 명확하게 작성하는 것이 중요합니다. 시간 순서에 따라 정리하면 이해하기 쉽습니다.

2. **피진정인의 특정**: 인권침해 행위를 한 교도관 개인을 특정하거나, 해당 교도관의 관리·감독할 책임이 있는 교정시설의 장(교도소장, 구치소장 등)을 피진정인으로 지정할 수 있습니다. 가해 직원의 인적사항을 모를 경우 '정황상 교도관'으로 기재하고, 소속과 당시 상황을 구체적으로 서술하면 됩니다.

3. **객관적인 입증자료 확보**: 주장을 뒷받침할 수 있는 객관적인 자료가 많을수록 좋습니다. 진료기록, 진단서, 동료 수용자의 사실확인서, 관련 내용이 기재된 서신 등을 최대한 확보하여 참부하십시오. 자료 확보가 어렵다면, 진정서에 어떤 자료가 어디에 있는지 등을 명시하여 위원회가 직권으로 조사하도록 요청할 수 있습니다.

4. **침해된 권리와 피해 내용 명시**: 어떤 권리를 침해당했으며, 그로 인해 어떤 신체적·정신적 피해를 입었는지 명확하게 기재해야 합니다. 예시의 '침해된 권리' 부분을 참고하여, 헌법, 「형의 집행 및 수용자의 처우에 관한 법률」 등 관련 법규를 언급하면 주장의 설득력을 높일 수 있습니다.

5. **제출 방법 및 비밀 보장**: 작성된 진정서는 수용기관 내 비치된 인권위 진정함을 이용하거나, 교도관에게 봉인하여 제출하면 외부로 발송됩니다. 예시의 진정서를 장문 진정서를 개봉할 수 없으며, 즉시 국가인권위원회로 보내야 할 법적 의무가 있습니다. 가족이나 변호인을 통해 대리로 제출하는 것도 가능합니다.

6. **비용 및 불이익 금지**: 국가인권위원회 진정은 별도의 비용이 들지 않으며, 진정인의 신분과 진정 내용 비밀이 보장됩니다. 진정을 이유로 한 불이익 처우는 법으로 금지되어 있습니다.

반성문 기재례

[항목별]

반성문 작성의 원칙에 대해서는 [section 1.4] 재판의 흐름과 핵심 절차 이해하기에 있는 "Q10. 반성문은 어떻게 작성하는 것이 효과적인가요?" 부분을 참고하세요

[선처를 목표로 하는 반성문에 담길 필수적인 내용]

- 범행(비위)을 왜 저질렀는가?
- 본인이 해당 범행을 시인하는가?
- 어떤 부분이 잘못되었다고 생각하는가?(반성과 후회의 내용)
- 피해자에 대한 사과
- 동일한 범행(잘못)을 반복하지 않기 위해 어떠한 노력을 하고 있는가?
- 어떠한 근거로 어떠한 선처를 요청하는 것인가?(불기소, 벌금형, 집행유예 등) 등

[반성문에 들어갈 필요가 없거나 유해한 내용]

- 검사나 판사에 대한 사과 (사과의 상대방이 아니라 판단의 주체임)
- 가족, 지인들에 대한 사과 (본인이 직접 하면 되는 것임)
- 자신에 대한 걱정 (직업상실·소득감소·정신적 고통 등 개인의 푸념을 나열하는 것이 아님)

◆ **범행(비위)를 저지른 이유** ◆

○ 순간적인 욕심과 충동을 제어하지 못하고 범행을 저질렀습니다.

☞ 그날 따라 마음이 조급했고, 남들보다 더 이익을 보고 싶다는 생각이 앞섰습니다. 남들보다 더 이익을 스치는 충동에 이성을 잃고 잘못을 저질렀습니다. 평소에는 하지 않을 행동이었지만, 순간적으로 머릿속을 스치는 충동에 이성을 잃고 잘못을 저질렀습니다. 지금 생각하면 아주 짧은 순간의 욕심이 인생을 송두리째 흔들어 놓았다는 점에 후회와 자책을 멈출 수 없습니다.

○ 판단력이 부족하여 주변의 잘못된 권유에 휩쓸렸습니다.

☞ 주변 사람들이 '별일 아니니 따라 해도 된다'며 부추길 때, 받아들일 말은 받아들였습니다. 나중에 들이켜보니 제 의지로 거절 했어야 했는데, 그 순간에는 잘못된 선택임을 인지하지 못하고 저도 모르게 따라하게 됐습니다. 결국 저의 미숙함과 우유부단함이 범행으로 이어진 점을 반성합니다.

○ 금전적 어려움을 핑계 삼아 옳지 않은 선택을 했습니다.

☞ 최근 갑작스런 실직과 생활고로 인해 경제적 압박이 심했습니다. 정상적인 방법이 아님을 알면서도 당장의 눈앞의 벌이 불법적인 방법을 택하고 말았습니다. 지금은 그 어떤 사정도 저의 범행을 정당화할 수 없다는 점을 절실히 깨닫고 있습니다.

○ 스트레스로 인한 판단력 저하로 경솔한 행동을 했습니다.

☞ 직장에서의 과도한 업무와 가족 문제로 스트레스를 많이 받고 있던 시기였습니다. 심신이 지쳐 있던 탓에, 평소라면 하지 않았을 실수를 무심코 저지르고 말았습니다. 그때는 모든 것을 빨리 끝내고 싶은 생각에 올바른 판단을 하지 못해 지금 이 자리에 서게 되었습니다.

○ 상황을 가볍게 여긴 나머지 잘못을 범하고 말았습니다.

☞ 처음에는 이 정도 일은 큰 문제가 되지 않을 것이라고 안이하게 생각했습니다. 범의 무게를 충분히 인식하지 못하고, 타인에게 피해가 가지 않을 것이라는 착각에 빠져 행동했습니다. 지금은 그 안이함이 얼마나 위험한 결과를 불러왔는지 빼저리게 후회하고 있습니다.

◆ 본인이 해당 범행을 시인하는지 여부 ◆

○ 저는 제가 저지른 범행을 명백히 인정합니다.

☞ 사건 당일 저의 경솔한 행동으로 인해 벌을 받게 된 점을 인정합니다. 모든 사실을 숨김없이 밝히며, 저의 잘못에 대해 한 치의 변명도 하지 않겠습니다. 제 행동으로 인해 발생한 모든 결과를 받아들이고 진심으로 뉘우치고 있습니다.

○ 모든 혐의를 인정하며, 처벌을 감수할 준비가 되어 있습니다.

☞ 조사 과정에서 밝혀진 모든 사실과 혐의를 부정하지 않고 인정합니다. 저의 불찰로 인해 벌어진 일에 대해 어떠한 처벌도 달게 받겠습니다. 이번 일을 계기로 인생을 다시 돌아보며 성찰하고 있습니다.

○ 제가 행한 잘못에 대해 전적으로 인정하고 있습니다.

☞ 이번 사건은 저의 명백한 잘못임을 부인하지 않습니다. 사회적 규범과 법을 위반한 점에 대해 한없이 부끄럽고 죄송한 마음입니다. 더 이상 핑계나 변명을 대지 않고 모든 책임을 감수하겠습니다.

○ 제 행동에 대한 책임을 피하지 않고 진심으로 인정합니다.

☞ 저의 잘못된 선택으로 인해 여러 사람에게 피해를 끼쳤다는 점을 무겁게 받아들이고 있습니다. 저 자신이 저지른 행동에 대해 책임을 회피하지 않고 정직하게 인정합니다. 반성과 후회의 시간을 보내며 다시는 같은 실수를 반복하지 않겠다고 다짐합니다.

○ 혐의 사실 모두를 솔직히 인정하고 깊이 뉘우치고 있습니다.

☞ 수사 과정에서 밝혀진 모든 사실을 숨기지 않고 인정하였습니다. 저의 행위가 법과 사회 질서를 위반한 일임을 통감하며, 깊은 후회와 반성을 거듭하고 있습니다. 앞으로 더 나은 사람이 되기 위해 성실히 살아가겠습니다.

◆ **잘못되었다고 생각하는 점 (반성과 후회의 내용)** ◆

○ 범죄의 심각성을 충분히 인지하지 못한 점이 가장 잘못되었습니다.

☞ 저는 제 행동이 법을 어기는 것이라는 점을 충분히 인식하지 못한 채 경솔하게 행동했습니다. 단순한 실수로 여기고 가볍게 넘긴 것이 얼마나 큰 잘못이었는지 지금에서야 깨닫고 있습니다. 이제는 저의 무지와 안일함이 가져온 결과에 대해 깊이 반성하고 있습니다.

○ 피해자에게 큰 상처를 입혔다는 사실에 깊이 후회합니다.

30

○ 저의 이기적 행동으로 인해 피해자분께서 정신적·신체적으로 큰 고통을 겪고 계시다는 사실을 알게 되었습니다. 시간이 지날수록 피해자분의 아픔이 얼마나 클지 생각하며 매일 괴로움과 죄책감에 시달리고 있습니다. 저로 인해 씻을 수 없는 상처를 남겼다는 점을 뉘우치고 있습니다.

☞ 저는 오로지 제 이익만을 생각하며 타인의 삶과 사회의 규범을 가볍게 여겼습니다. 그 결과 저를 믿어준 주변 사람들과 사회의 신뢰를 저버리는 결과가 되었음을 깨닫고 있습니다. 이기적인 선택이 얼마나 큰 파장을 낳을 수 있는지 반성하고 있습니다.

○ 순간의 잘못된 선택으로 인해 인생에 큰 오점을 남겼습니다.

☞ 그날의 경솔한 선택이 저의 인생에 지울 수 없는 오점으로 남게 되었습니다. 제 가족과 가까운 사람들에게도 실망과 상처를 안겼다는 사실에 매일 후회하고 있습니다. 앞으로 평생 이 잘못을 반성하며 살아가겠습니다.

○ 범행 당시 피해자의 고통을 생각하지 못한 점을 뼈저리게 반성합니다

☞ 행동에 앞서 피해자가 느낄 고통과 충격을 조금이라도 생각했더라면 이런 일은 없었을 것입니다. 저의 이기심과 무분별한 행동으로 누군가에게 큰 아픔을 주었다는 사실을 잊지 않겠습니다. 다시는 같은 실수를 반복하지 않겠다는 다짐으로 매일 반성하고 있습니다.

○ 피해자분께 진심으로 머리 숙여 사죄드립니다.

☞ 저의 잘못된 행동으로 인해 피해자분께 예상치 못한 고통과 불편을 드렸다는 사실을 생각할수록 마음이 무겁습니다. 어떠한 말로도 용서를 구하기 부족하다는 것을 알지만, 다시 한 번 진심으로 고개 숙여 사죄드립니다. 앞으로 피해자분께 조금이나마 보탬할 수 있도록 계속해서 반성하고 책임을 다하겠습니다.

○ 피해자분께 큰 고통을 드려 진심으로 죄송합니다.

☞ 저의 부주의한 행동으로 피해자분의 일상에 큰 상처와 불안을 남겼다는 점을 뉘우치고 있습니다. 이로 인해 피해자분께서 겪으신 심적 고통에 대해 마음 아프게 생각하며, 다시는 이런 일이 반복되지 않도록

◆ 피해자에 대한 사과 표현 ◆

제가 저지른 잘못으로 인해 피해자분께서 정신적·신체적으로 큰 고통을 겪고 계시다는 것을 알게 되었습니다. 시간이 지날수록 피해자분의 아픔이 얼마나 클지 생각하며 매일 괴로움과 죄책감에 시달리고 있습니다. 저로 인해 씻을 수 없는 상처를 남겼다는 점을 뉘우치고 있습니다.

31

하겠습니다. 진심으로 사과 드리며, 기회가 된다면 직접 찾아뵙고 사죄의 뜻을 전하고 싶습니다.

○ 피해자분의 마음에 깊은 상처를 드린 점, 진성으로 사과 드립니다.

☞ 저의 이기적인 판단과 행동이 피해자분께 씻을 수 없는 상처를 남겼다는 사실을 자책하며 반성을 이루지 못하고 있습니다. 어떤 변명도 하지 않고 제 잘못을 온전히 인정하며, 피해자분께 한 번 깊이 사과의 말씀을 드립니다. 앞으로 반성의 삶을 살며 피해자분께 조금이라도 위로가 될 수 있도록 노력하겠습니다.

○ 피해 회복을 위해 제가 할 수 있는 최선의 노력을 다하겠습니다.

☞ 피해자분께 입힌 손해를 조금이라도 회복할 수 있도록 사과의 말씀을 드리는 것뿐만 아니라, 실질적인 보상 방안도 마련하겠습니다. 현재 피해자분과 연락을 시도하며 피해 복구에 필요한 모든 협조를 아끼지 않고 있습니다. 피해자분께서 쉽으신 상처가 조금이나마 아물 수 있도록 마지막까지 최선을 다하겠습니다.

○ 제 잘못으로 피해를 입으신 분께 진심 어린 사과의 말씀을 올립니다.

☞ 저의 잘못된 행동으로 인해 아무런 잘못이 없는 분께 큰 피해를 끼쳤다는 사실을 뼈저리게 반성하고 있습니다. 피해자분의 일상과 평온을 해친 점에 대해 깊은 책임감을 느끼며, 앞으로 이런 일이 재발하지 않도록 각별히 주의하겠습니다. 다시 한 번 마음 깊이 사과드리며, 용서해 주시길 간절히 바랍니다.

◆ 재발 방지 노력의 구체적 내용 ◆

○ 전문 상담 및 치료 프로그램에 참여하여 잘못된 행동을 교정하겠습니다.

☞ 저는 현재 지역 상담센터에서 정기적으로 심리상담을 받고 있으며, 이번 사건을 계기로 충동 조절 훈련과 자기 성찰 프로그램에 적극적으로 참여하고 있습니다. 전문가의 조언에 따라 잘못된 습관과 사고방식을 하나씩 교정하고 있습니다. 앞으로도 계속 상담을 이어가며 자신의 문제점을 깊이 이해하고 재발 방지에 힘쓰겠습니다.

○ 정기적으로 교육을 받고 정신적, 심리적 관리에 힘쓰겠습니다.

○ 사건 이후 관련 법률 교육과 인성 교육을 추가적으로 수강하며, 스스로를 되돌아보고 특히, 감정 조절과 분노의 의사를 높이는 과정에 적극적으로 참여하고 있습니다. 앞으로도 다양한 교육 기회를 활용하여 같은 실수를 반복하지 않도록 항상 주의를 기울이겠습니다.

○ 밤행과 관련된 유혹이 있을 시 이를 즉시 알리고 도움을 청하겠습니다.
  ☞ 만약 비슷한 상황이나 유혹이 다시 찾아온다면, 혼자 고민하지 않고 가족이나 가까운 지인에게 즉각적으로 알리고 조언을 구하겠습니다. 이미 이번 일로 주변에 심려를 끼쳤고, 앞으로도 지속적으로 도움을 요청할 계획입니다. 이를 통해 스스로를 통제하고 더 이상 잘못된 길로 가지 않도록 지속적으로 노력하겠습니다.

○ 봉사활동 등 사회적 책임을 다하는 생활을 지속적으로 해 나가겠습니다.
  ☞ 최근 지역 복지관에서 자원봉사를 시작하였으며, 남을 돕는 경험을 통해 삶의 소중함과 책임감을 다시 느끼고 있습니다. 앞으로도 지속적으로 사회에 기여하는 활동에 참여함으로써, 바른 시민으로 거듭나고자 합니다. 봉사를 통해 자신을 돌아보고, 올바른 행동을 실천하며 살아가겠습니다.

○ 건전한 취미 활동과 자기계발을 통해 올바른 삶을 유지하겠습니다.
  ☞ 저는 사건 이후 운동과 독서 등 건전한 취미를 새로 시작하였고, 자기계발을 위한 목표도 세웠습니다. 하루의 일정에 규칙적인 생활 습관을 더하며 스스로를 관리하는 데 힘쓰고 있습니다. 앞으로도 취미 활동과 자기계발을 통해 심신을 건강하게 유지하고 올바른 사회인으로 살아가겠습니다.

◆ 선처 요청의 근거와 희망하는 처분 ◆

○ 깊은 반성의 태도와 피해자와의 합의 및 보상 노력을 고려하여 집행유예를 간곡히 요청드립니다.
  ☞ 저는 이번 잘못을 계기로 지난 행동을 깊이 반성하며, 피해자분께 진심으로 사과드리고 합의에 이르기 위해 최선을 다했습니다. 피해 회복을 위해 경제적 보상뿐 아니라 직접 찾아뵙고 용서를 구한 바 있습니다. 다시는 이와 같은 잘못을 반복하지 않겠다는 군은 다짐과 함께 집행유예로 사회에 다시 설 수 있는 기회를 간절히 부탁드립니다.

○ 초범이고 재범 위험성이 없는 점을 고려하여 선처를 요청합니다.
  ☞ 저는 이번 사건이 인생에서 처음으로 연루된 일임을 부끄럽게 생각하고 있습니다.

33

이전까지 성실하게 살아왔으나, 한순간의 잘못된 판단으로 범죄를 저질렀습니다. 앞으로는 어떠한 유혹에도 흔들리지 않고, 사회 구성원으로 책임 있게 살아갈 것을 약속드리오니 관대한 처분을 부탁드립니다.

○ 사회 복귀 후 성실히 살아갈 준비와 노력을 인정하여 벌금형으로 선처를 부탁드립니다.

☞ 저는 가족의 생계를 책임지고 있어 수감될 경우 가족이 극심한 경제적 고통을 겪게 됩니다. 현재 일터에서도 책임을 다하기 위해 성실히 일하고 있고, 재범 방지를 위해 상담 및 교육에도 적극적으로 참여하고 있습니다. 벌금형 등 사회생활을 지속할 수 있는 선처를 베풀어 주신다면 더 나은 삶으로 보답하겠습니다.

○ 적극적인 반성과 실질적인 피해 회복 노력을 참작하여 집행유예 처분을 간절히 부탁드립니다.

☞ 저는 범행 직후 곧바로 잘못을 인정하고, 피해자분과 직접 연락하여 진심 어린 사과와 함께 실질적인 손해배상을 완료하였습니다. 재판과정에서도 책임을 회피하지 않고 모든 사실을 있는 그대로 밝혔습니다. 사회에 해악을 끼친 점을 깊이 뉘우치며, 집행유예로 한 번만 더 기회를 주신다면 사회에 기여하는 삶을 살아가겠습니다.

○ 잘못을 깊이 반성하며 재범방지 노력을 다짐하오니 최대한의 관대한 처분을 정합니다.

☞ 저는 지난 시간을 통해 잘못의 뿌리를 철저히 돌아보고, 재범을 막기 위한 실질적 노력을 계속하고 있습니다. 정기적으로 상담치료를 받고, 자원봉사 활동에도 참여하면서 자신의 행동을 반성하고 있습니다. 저의 진심 어린 반성과 변화 의지를 내려주시면, 관대한 처분을 받으시면 평생토록 보답하겠습니다.

[양식] 사기 범죄 반성문 예시

[유형별]

반성문

사건번호: [사건번호 입력]
피 고 인: [이름 입력]

존경하는 재판장님께,

저는 [사건번호] 사기 사건의 피고인 [이름]입니다. 먼저 저의 어리석고 이기적인 행동으로 인해 크나큰 정신적, 물질적 피해를 입으신 피해자님께 머리 숙여 사죄드립니다. 또한, 법의 심판대 앞에서 저의 잘못을 돌이켜보고 반성할 기회를 주신 재판장님께 이 글을 올립니다.

1. 저의 잘못을 모두 인정하며 깊이 반성합니다.

저는 피해자님을 기망하여 재산상의 이익을 편취하였습니다. 그 과정에서 제가 했던 모든 거짓말과 행동이 피해자님께 얼마나 큰 상처와 배신감을 드렸을지 생각하면 가슴이 미어지고 제 자신이 한없이 부끄러워집니다. 순간의 욕심과 잘못된 판단이 다른 사람의 소중한 재산을 앗아가고 깊은 마음에 깊은 상처를 남겼다는 사실을 뒤늦게 깨닫고 밤낮으로 자책 속에서 잠 못 이루고 있습니다.

2. 범행에 이르게 된 경위에 대한 성찰

(아래 내용 중 자신의 상황에 맞게 구체적으로 작성)

(사업 실패 등 경제적 어려움) 당시 저는 [구체적인 상황, 예: 운영하던 가게의 경영 악화, 갑작스러운 실직 등]으로 인해 극심한 경제적 압박에 시달리고 있었습니다. 어떻게든 위기를 벗어나야 한다는 조급함이 눈이 멀어 해서는 안 될 생각을 하게 되었습니다. 하지만 그 어떤 이유도 저의 범행을 정당화할 수 없음을 잘 알고 있습니다. 저의 무능과 잘못된 판단이 범죄로 이어졌을 뿐입니다.

(단순한 욕심) 솔직히 말씀드리면, 특별한 어려움 없이 더 쉽고 편하게 돈을 벌고 싶은 그릇된 욕심이 있었습니다. 법을 어겨 정직하게 돈을 버는 것의 가치를 잊고, 다른 사람을 속여 이익을 얻으려는 죄악에 찬 마음이 이 모든 일의 시작이었습니다.

3. 피해자에 대한 죄송한 마음과 피해 회복 노력

무엇보다 저로 인해 평생 모은 소중한 재산을 잃고 고통받고 계실 피해자님을 생각하면 죄스러운 마음에 고개를 들 수 없습니다. 돈의 문제가 아니라, 사람에 대한 믿음을 잃고 느끼셨을 배신감과 상실감은 감히 제가 헤아릴 수 없을 것입니다.

(합의에 이른 경우) 다행히 피해자님께서 저의 뒤늦은 사죄를 받아주시고 합의에 이르러 주셨습니다. 하지만 합의가 저의 죄를 덮어주는 것이 아님을 명심하고 있습니다. 평생 빚을 갚는 마음으로 살아가겠습니다.

(합의에 이르지 못한 경우) 아직 피해자님께 용서를 구하지 못했습니다. 저의 행동이 남긴 상처가 너무나 깊어 용서받기 어렵다는 것을 압니다. 하지만 포기하지 않고 앞으로도 계속해서 사죄의 뜻을 전하고, 제가 할 수 있는 모든 방법을 동원하여 피해를 회복하여 드릴 수 있도록 최선을 다하겠습니다. 설령 평생 처벌을 받더라도 피해 변제는 저의 평생의 과업으로 삼겠습니다.

4. 재범 방지를 위한 구체적인 계획

저는 이번 일을 계기로 제 삶을 완전히 바꾸기로 결심했습니다.

첫째, 다시는 그릇된 욕심에 흔들리지 않도록 정직하게 땀 흘려 일하는 삶을 살겠습니다. 어떤 일이든 가리지 않고 성실하게 일하여 밥 및 값의 일원으로 책임감을 다하겠습니다.

둘째, 저의 잘못된 가치관을 바로잡기 위해 관련 서적을 읽고, [필요시 심리 상담 등]을 받으며 꾸준히 자기 성찰을 성장하겠습니다.

셋째, 저를 믿고 지지해주는 가족들을 생각하며 다시는 그들을 실망시키는 어리석은 행동을 하지 않겠습니다.

존경하는 재판장님,

저의 죄는 백번 변명해도 부족함이 없습니다. 이번 처벌이든 단계 받겠습니다. 다만, 부디 저에게 마지막으로 한 번만 기회를 주시어 피해자님께 진심으로 사죄하고 피해를 회복할 수 있는 길을 열어주시길 간절히 소망합니다. 사회에 나가 성실한 시민으로 살아갈 기회를 주신다면, 평생 감사하며 오늘의 다짐을 잊지 않고 살아가겠습니다.

20   년   월   일

피고인 이 몽 룡 (인)

[양식] 폭행 범죄 반성문 예시

사건번호: [사건번호 입력]
피 고 인: [이름 입력]

존경하는 재판장님께,

반 성 문

저는 [사건번호] 폭행 사건의 피고인 [이름]입니다. 먼저, 저의 순간적인 감정을 참지 못하고 저지른 폭력적인 행동으로 인해 씻을 수 없는 육체적, 정신적 상처를 입으신 피해자 [피해자명]님께 진심으로 사죄의 말씀을 드립니다.

1. 저의 금적한 잘못을 인정하고 뉘우칩니다.

저는 그 어떤 이유로도 폭력이 정당화될 수 없다는 사실을 알면서도, 어리석게 주먹을 휘둘렀습니다. 저의 폭력은 피해자님의 몸뿐만 아니라 마음에도 큰 흉터를 남겼을 사건 이후, 고통스러워하시는 피해자님의 모습을 떠올릴 때마다 제 자신의 얼마나 금적하고 이기적인 행동을 했는지 깨닫게 됩니다. 매일 밤 후회와 죄책감으로 잠을 이루지 못하고 있습니다.

2. 순간의 분노를 다스리지 못한 저 자신을 성찰합니다.

당시 저는 [사건의 구체적인 경위, 예: 사소한 시비, 음주 상태 등] 상황에서 이성을 잃고 감정적으로 행동했습니다. 제 안의 분노를 조절하지 못하는 미성숙함이 결국 폭력이라는 최악의 결과로 이어졌습니다. 돌이켜보면 대화로 충분히 풀 수 있었던 문제였음에도, 폭력적인 방법을 선택한 점은 전적으로 저의 잘못입니다.

(누범인 경우) 이전에도 비슷한 잘못으로 처벌을 받은 경험이 있음에도 또다시 같은 잘못을 반복한 제 자신이 너무나 한심하고 부끄럽습니다. 법이 주신 기회를 저버리고 또다시 피해자를 만든 저의 죄가 얼마나 무거운지 뼈저리게 느끼고 있습니다.

3. 피해자에 대한 사죄와 피해 회복 노력

저의 폭력으로 인해 피해자님께서 겪으셨을 신체적 고통과 정신적 충격, 그리고 두려움을 생각하면 죄송한 마음뿐입니다.

(합의에 이른 경우) 다행히 피해자님과 가족분들을 찾아뵙고 무릎 꿇고 사죄드렸고, 너그러이 저의 사과를 받아주시고 합의에 이른 더 주신 일이 평생 잊지 않고, 다시는 폭력적인 성향으로 다른 이에게 상처 주는 일이 없도록 살겠습니다.

(합의에 이르지 못한 경우) 피해자님을 찾아뵙고 사죄드리려 했으나, 저를 마주하는 것조차 고통스러워하셔서 뜻을 이루지 못했습니다. 피해자님의 상처가 얼마나 깊은지 알기에 더욱 죄송한 마음입니다. 재판이 끝난 뒤라도, 꾸준히 사죄하고 치료비 등 피해 회복을 위해 제가 할 수 있는 모든 노력을 다하겠습니다.

4. 재범 방지를 위한 구체적인 계획

저는 이번 일을 계기로 폭력적인 성향을 뿌리 뽑고 새로운 사람으로 태어나고자 합니다.

첫째, 분노조절장애 상담 및 치료를 시작하겠습니다. 전문가의 도움을 받아 제 안의 분노를 건강하게 해소하는 방법을 배우고 실천하겠습니다.

둘째, 술을 마시면 감정 조절이 어려워지는 문제를 알기에, 앞으로 금주하며 건전한 생활습관을 유지하겠습니다.

셋째, 항상 역지사지의 자세로 상대방의 입장을 먼저 생각하고, 갈등 상황에서 대화와 이해를 통해 문제를 해결하는 성숙한 인간이 되겠습니다.

존경하는 재판장님,

저의 잘못에 대해서는 어떠한 처벌도 달게 받겠습니다. 다만, 저의 진심 어린 반성과 변화의 의지를 헤아려 주시어, 피해자님께 용서를 구하고 제 잘못을 바로잡을 마지막 기회를 하락하여 주시길 간절히 부탁드립니다. 다시 한번 사회의 일원이 될 기회를 주신다면, 평생 감사하는 마음으로 성실하고 바르게 살아가겠습니다.

20   년   월   일

피고인 이몽룡 (인)

[양식] 교통사고 범죄 (음주운전 등) 반성문 예시

반 성 문

사건번호: [사건번호 입력]
피 고 인: [이름 입력]

존경하는 재판장님께,

저는 [사건번호] 교통사고처리특례법위반(치상) 및 도로교통법위반(음주운전) 사건의 피고인 [이름]입니다. 저의 잘못하고 무책임한 음주운전으로 인해 피해자[피해자명]님께 씻을 수 없는 고통을 안겨드린 점, 머리 숙여 깊이 사죄드립니다.

1. 저의 범행을 깊이 실인 행위였음을 인정합니다.

저는 '한두 잔은 괜찮겠지', '가까운 거리니까 괜찮겠지'라는 금직적인 생각으로 운전대를 잡았습니다. 음주운전이 타인의 생명과 신체를 위협하는 중대한 범죄임을 알면서도 이를 무시한 저의 행동은 그 어떤 변명으로도 용서받을 수 없는 잠재적 살인 행위였음을 사고 당시의 끔찍한 기억과 고통스러워하시던 피해자님의 모습이 매일 저를 괴롭히고 있습니다.

(초범인 경우) 저는 처음 저지른 잘못이지만, 그 결과가 너무나 참혹하기에 제 자신의 안일함스러움이 원망스럽습니다. 단 한 번의 실수가 한 사람의 인생을 망가뜨릴 수 있다는 사실을 뼈저리게 깨달았습니다.

(누범인 경우) 이전에도 음주운전으로 처벌을 받았음에도 불구하고 또다시 운전대를 잡은 저는 사회에 대한 책임을 완전히 저버린 사람입니다. 법의 관용을 배신하고 더 큰 잘못을 저지른 저의 죄를 매우 무겁게 통감하고 있습니다.

2. 안일했던 저의 삶의 태도를 반성합니다.

이번 사건은 단순히 술을 마시고 운전한 행위를 넘어, 제 삶 전반에 걸친 안일함과 무책임함이 빚어낸 결과입니다. '나 하나쯤은 괜찮겠지'라는 생각이 얼마나 위험하고 이기적인지 깨달았습니다. 저의 잘못된 행동으로 인해 피해자님과 그 가족분들이 겪고 고통을 생각하면 죄책감에 고개를 들 수 없습니다.

3. 피해자에 대한 사죄와 회복을 위한 노력

사고 직후 병원으로 찾아가 피해자님과 가족분들께 무릎 꿇고 사죄드렸습니다. 저의 사과가 피해자님의 고통을 덜어드릴 수는 없겠지만, 평생 죄인의 마음으로 살아가겠습니다.

(합의한 경우) 다행히 피해자님께서 저의 진심 어린 사과를 받아주시고 합의에 이르러 주셨습니다. 이 은혜를 잊지 않고, 피해자님의 빠른 쾌유를 매일 기도하며 제가 도울 수 있는 일이 있다면 무엇이든 하겠습니다.

(합의에 이르지 못한 경우) 아직 피해자님과 합의에 이르지 못했습니다. 피해자님의

상처가 아물지 않았고, 저에 대한 원망이 크신 것을 당연하게 생각합니다. 앞으로도 계속해서 저에 대한 원망이 크신 것을 당연하게 생각합니다. 앞으로도 계속해서 찾아뵙고 용서를 구하며, 치료와 간병에 필요한 모든 지원을 아끼지 않겠습니다.

4. 재범 방지를 위한 구체적인 계획

저는 이번 일을 계기로 새로운 심정으로 다시 태어나고자 합니다.

첫째, 제 명의의 차량을 즉시 처분하였으며, 앞으로 평생 운전대를 잡지 않겠습니다. 이는 저 자신과 사회에 대한 약속입니다.

둘째, 알코올 의존 문제의 심각성을 깨닫고, 전문 기관에서 상담 및 치료를 받겠습니다. 또한, 관련 자조 모임에 참석하여 저와 같은 잘못을 저지른 사람들과 함께 경각심을 일깨우고 단주의 의지를 다지겠습니다.

셋째, 교통사고 피해자들을 돕는 단체에 정기적으로 후원하고 봉사활동에 참여하며 평생 속죄하는 마음으로 살겠습니다.

존경하는 재판장님,

저의 죄는 그 무게를 헤아릴 수 없을 만큼 무겁습니다. 법이 정하는 어떠한 처벌도 겸허히 받아들이겠습니다. 다만, 재판장님의 너그러운 선처를 통해 제가 피해자님께 조금이나마 더 사죄하고 피해 회복에 힘쓸 수 있는 기회를 주시길 간절히 바랍니다. 다시 한번 사회에 기여할 기회를 주신다면, 음주운전의 위험성을 알리는 데 앞장서며 성실하게 살아가겠습니다.

20 년 월 일

피고인 이몽룡 (인)

[양식] 마약 범죄 반성문 예시

사건번호: [사건번호 입력]
피 고 인: [이름 입력]

존경하는 재판장님께,

반 성 문

저는 [사건번호] 마약류관리에관한법률위반 사건의 피고인 [이름]입니다. 한순간의 호기심과 잘못된 판단으로 마약이라는 결코 손대지 말아야 할 것에 손을 댄 저의 어리석음을 깊이 반성하며 이 글을 씁니다. 저의 범행은 용서받을 수 없는 행위로 저 자신을 파괴했을 뿐만 아니라, 사회 전체에 해악을 끼치는 용서받을 수 없는 행위였음을 통감합니다.

1. 마약의 중독성과 폐해를 뼈저리게 깨달았습니다.

처음에는 단순한 호기심이었습니다. '한 번쯤은 괜찮겠지'라는 안일한 생각이 저를 돌이킬 수 없는 길로 이끌었습니다. 하지만 마약은 저의 몸과 마음을 순식간에 병들게 했고, 정상적인 사고와 생활을 불가능하게 만들었습니다. 마약에 취해 있던 시간들을 돌이켜보면 끔찍하고 후회스러울 뿐입니다. 저의 범죄가 단순히 저 자신을 넘어, 저를 사랑하는 가족, 그리고 우리 사회를 병들게 하는 행위였음을 빼저리게 느끼고 있습니다.

2. 마약에 손을 대게 된 자신을 성찰합니다.

저는 [마약에 손을 댄 계기, 예: 힘든 현실로부터의 도피, 주변의 유혹, 그릇된 호기심 등] 때문에 마약의 유혹을 뿌리치지 못했습니다. 제 삶의 문제들을 정면으로 마주하고 해결하려 노력하기보다, 쉽고 잘못된 방법으로 회피하려 했던 저의 나약함과 어리석음이 부끄럽습니다. 마약의 위험성에 대해 무지했고, 그 중독성을 너무나 가볍게 생각했던 제 자신을 깊이 원망하고 있습니다.

3. 단약을 위한 굳은 결심과 구체적인 재활 계획

저는 마약의 늪에서 벗어나 완전히 새로운 사람으로 다시 태어나고자 합니다.

첫째, 저의 마약 문제를 인정하고, 이를 극복하기 위해 모든 것을 다할 것을 약속합니다. 저는 치료 기간 동안 마약사범 재활 교육 프로그램에 누구보다 성실히 참여하여 단약의 의지를 다지고 있습니다.

둘째, 만약 사회로 돌아갈 기회가 주어진다면, 즉시 한국마약퇴치운동본부나 관련 병원 등 전문 기관을 찾아가 꾸준히 상담과 치료를 받겠습니다. 또한, 과거 마약과 관련된 모든 인연을 완전히 끊어 건강한 인간관계를 맺기 위해 노력하겠습니다.

셋째, 저의 경험을 바탕으로, 혹시라도 저와 같은 잘못된 길을 가려는 사람이 있다면 마약의 위험성을 알리고 그들을 막는 데 제 남은 생을 바치고 싶습니다.

41

존경하는 재판장님,

저의 죄는 매우 무겁고, 그에 따른 처벌을 받는 것이 마땅합니다. 하지만 부디 저의 진심 어린 반성과 굳은 단약 의지를 헤아려 주시어, 제가 마약의 굴레에서 벗어나 사회에 봉사하는 건강한 시민으로 살아갈 수 있는 마지막 기회를 주시길 간절히 청합니다.

20   년   월   일

피고인 이 몽 룡 (인)

[양식] 성범죄 반성문 예시

※ 주의: 성범죄 반성문은 피해자에 대한 2차 가해를 방지하기 위해, 범행의 구체적인 묘사를 철저히 피하고, 자신의 왜곡된 성인식에 대한 반성과 전문적인 치료 의지를 중심으로 진술하게 작성해야 합니다.

사건번호: [사건번호 입력]
피 고 인: [이름 입력]

존경하는 재판장님께,

반 성 문

저는 [죄명] 사건의 피고인 [이름]입니다. 먼저 저의 잘못된 범죄로 인해 평생 씻을 수 없는 상처를 입으신 피해자님께 온 마음을 다해, 머리 숙여 사죄의 말씀을 올립니다. 저의 잘못을 변명하거나 정당화할 생각은 추호도 없으며, 오직 참회하는 마음으로 이 글을 씁니다.

1. 저의 죄악을 모두 인정하며 뼈저리게 참회합니다.

저는 피해자님의 인격과 존엄성을 무참히 짓밟는 용서받을 수 없는 죄를 저질렀습니다. 저의 한순간의 잘못된 욕망이 피해자님께 얼마나 큰 공포와 수치심, 그리고 지울 수 없는 정신적 고통을 안겨드렸을지 생각하면, 살아있다는 사실조차 죄스럽게 느껴집니다. 저의 행동은 그 어떤 이유로도 정당화될 수 없는 명백한 범죄행위이며, 저의 죄가 얼마나 무거운지 매일 밤 되새기며 고통 속에서 반성하고 있습니다.

2. 저의 왜곡된 성인식과 가치관을 깊이 성찰합니다.

이번 사건을 겪으며, 저는 제 안에 얼마나 잘못된 왜곡된 성인식과 타인에 대한 존중 부족이 있었는지 비로소 깨닫게 되었습니다. 상대방의 동의와 인격적 존중이 무엇보다 중요하다는 가장 기본적인 사실을 망각한 채, 오직 저의 이기적인 욕망만을 앞세웠습니다. 이러한 저의 잘못된 생각과 가치관이 이번 범죄의 근본적인 원인이 있음을 통감하며, 저 자신이 너무나 부끄럽고 혐오스럽습니다.

3. 피해자에 대한 사죄와 2차 가해 방지를 다짐합니다.

무엇보다 피해자님께 진심으로 죄송한 마음뿐입니다. 저의 존재 자체가 피해자님께는 끔찍한 기억을 떠올리게 하는 고통일 것이기에, 섣불리 용서를 구하는 것조차도 다른 가해가 될까 두렵습니다.

(합의에 이를 경우) 그럼에도 불구하고 피해자님께서 저의 사죄를 받아주시고 합의에 이르러 주신 데에 감사하고 죄송한 마음으로 살겠습니다. 합의가 저의 죄를 덮어주는 것이 아님을 명심하고, 피해자님의 온전한 일상 회복을 평생 기도하겠습니다.

(합의에 이르지 못한 경우) 재판 과정은 물론, 앞으로 제 삶의 모든 과정에서 저의 말이나 행동으로 피해자님이 2차 피해를 입지 않도록 극도로 언행을 삼가고, 피해자님의 평온한 일상 회복을 평생 기도하겠습니다.

행동으로 인해 피해자님께 아주 작은 2차 가해라도 발생하는 일이 없도록 모든 것을 조심하고 또 조심하겠습니다. 피해 회복을 위해 제가 할 수 있는 모든 것을 다하겠으며, 그 방법을 끊임없이 고민하겠습니다.

4. 재범 방지를 위한 전문적인 치료 및 교육 계획

저는 다시는 이와 같은 끔찍한 죄를 저지르지 않기 위해, 저의 근본적인 문제를 바로잡고자 합니다.

첫째, 저의 왜곡된 성인식을 교정하고 충동을 조절하기 위해, 출소 후 즉시 성범죄 재활 치료 전문기관에서 상담과 치료를 받겠습니다.

둘째, 재판부에서 명하시는 수강명령이나 치료명령이 있다면, 그 누구보다 성실한 자세로 이행하여 저 자신을 바꾸는 계기로 삼겠습니다.

셋째, 관련 서적과 교육 자료를 통해 올바른 성 가치관을 학습하고, 평생에 걸쳐 저 자신을 성찰하며 살아가겠습니다.

존경하는 재판장님,

저의 죄는 결코 가볍지 않으며, 그에 합당한 엄중한 처벌을 받는 것이 마땅합니다. 다만, 저의 진심 어린 참회와 변화에 대한 굳은 의지를 헤아려 주시어, 제가 저지른 죄를 평생 속죄하며 살아갈 기회를 부디 허락하여 주시길 간절히 소망합니다.

20   년   월   일

피고인 이몽룡 (인)

탄원서 기재례
[항목별]

> 양형에 유리한 기준 등에 대해서는 [SECTION 1.4] 재판의 흐름과 핵심 절차 이해하기에 있는 "Q9. 양형에 유리한 자료를 준비하는 방법과 시기는 언제인가요?" 부분을 참고하세요. 아래 내용은 대법원 양형위원회 양형기준 및 각종 판례·실무상 자료를 분석하는 중 양형유에 유리하게 작용하는 주요 요소들을 항목별로 정리한 것입니다.

1. 피고인의 반성과 태도
- 범행 일체를 솔직히 인정하고 진심으로 뉘우치고 있음
- 피해자에 대한 진지한 사과와 용서, 실질적 피해회복(배상 등) 노력
- 자발적 재범방지 노력(상담·교육 이수, 치료 참여 등)
- 수사 및 재판 과정에서 성실한 협조(허위진술·증거인멸 시도 없음)
- 여러 차례 반성문, 진술서 등으로 반성의 진정성을 반복적으로 표현

2. 피해 회복 및 합의
- 피해자와 원만한 합의(합의서, 합의금 지급 등)
- 피해자가 처벌불원 의사를 명확히 표시(탄원서, 불처벌의사표시 등)
- 피해의 정도가 경미하거나 피해 회복이 완전히 이루어짐
- 범행 후 지속적으로 피해자와 관계 개선, 사후 추가적인 피해 구제 노력

3. 범행의 경위와 동기
- 우발적 범행(계획적·상습적이지 않음)
- 타인의 강요, 위협, 압력, 불가피한 사정 등에서 비롯된 범행
- 경제적 곤궁, 생계형 등 현실적 불가피성
- 심신미약, 일시적 충동, 정신적·심리적 취약 상황 등
- 범행의 수단, 방법, 결과가 비폭력적이고 중대하지 않음

4. 피고인의 전과 및 재범 위험성
- 초범, 동종범죄 전과 없음
- 오래전 전과(재범 경력 없음), 이후 성실한 사회생활
- 재범 위험성이 낮음을 뒷받침하는 객관적 자료 제출

5. 피고인의 연령, 환경, 건강 등
- 고령, 만성질환 등 건강상 특별한 사정

45

○ 미성년 자녀, 고령 부모 등 가족의 부양 책임
○ 사회적·경제적 약자 또는 열악한 생활환경
○ 교육수준, 성장과정 등 특별히 정상참작할 환경·배경

6. 공범 및 연루 상황

○ 공범 중 가담 정도가 경미(주변이 아닌, 소극적·수동적 참여)
○ 타인에 의한 이용, 범행 전후 사정 참작 필요

7. 자수·사후 대처 및 범행 중단

○ 범행 후 즉시 자수, 자발적으로 범행 중단
○ 피해 구제 등 적극적인 사후 조치

8. 기타 정상참작 사유

○ 수사기관, 재판부에 적극적으로 협조(사실 자진 자백 등)
○ 사회봉사, 자선활동 등 선행 및 지역사회 내 긍정적 평판
○ 가족·이웃·지인 등 주변인의 탄원서 제출 및 사회복귀 지원 의사
○ 사건 이후 지속적 자선활동, 사회 기여 노력
○ 경제적 궁핍, 생활고 등 특별한 사정
○ 사회복귀 시 직장·지역사회 등 환경, 재정착 지원 환경 존재
○ 자발적 교정·치료 의지, 사회복귀 의지, 재활계획 등 미래지향적 다짐
○ 피고인이 사회적 약자임을 보여주는 자료·사정

★ 양형기준상 특별감경/집행유예에 특히 유리한 요소 ★

○ 진지한 반성 및 피해 회복(특별감경사유)
○ 피해자와의 합의, 피해자의 처벌불원 의사
○ 범행 동기나 경위상 참작할 만한 사정(우발, 궁박 등)
○ 초범, 재범 위험성 낮음, 사회복귀 시 부양가족 존재
○ 건강·연령 등 참작 사유
○ 기타 개별적 사정 (자수, 자백, 실질적 피해회복, 사회적 약자 등)

◆ 피고인의 반성과 태도 ◆

① 진심 어린 반성

수감 생활 동안 하루하루 지난 저지른 잘못을 떠올리며 괴로워했고, 피해자와 가족에게 씻을 수 없는 상처를 남긴 점을 빼저리게 느끼고 있습니다. 범행을 결코 부정하지 않으며, 모든 사실을 인정하고 깊이 뉘우치고 있습니다. 앞으로 어떤 상황에서도 다시는 이와 같은 실수를 반복하지 않겠다고 다짐합니다.

46

② 재범 방지 의지와 노력

☞ 저는 구치소 내에서 상담 프로그램과 교육을 꾸준히 이수하였으며, 재범 위험성을 스스로 점검하고 있습니다. 심리상담사와의 정기 상담을 통해 충동 조절 능력을 기르고 있으며, 항거 정상적 지표를 지속할 계획입니다. 사회에 복귀한 뒤에도 봉사활동에 참여하며, 건전한 인간관계를 맺으며 책임감 있게 살아갈 것을 약속드립니다.

③ 수사·재판 과정에서의 성실한 협조

☞ 저는 수사기관 조사 및 재판 과정에서 어떠한 허위진술이나 증거인멸 시도 없이 사실대로 모든 진술을 했습니다. 재판부의 질문에 진솔하게 답변하며, 재 정못을 감추거나 회피하지 않았습니다. 정의에도 적극적으로 협조하여 사건이 신속하게 진행될 수 있도록 최선을 다하였습니다.

④ 사건 후 피고인의 일상 변화와 자기성찰

☞ 사건 이후 저는 일상의 모든 순간을 반성의 기회로 삼고 있습니다. 종교서적을 읽으며 마음을 다스리고, 매일 일기를 쓰면서 제 생각과 태도를 되돌아보고 있습니다. 이 과정을 통해 부족함을 인식하고, 앞으로 바른 삶을 살아가겠다는 각오를 다지고 있습니다.

⑤ 피해자와의 직접적 소통 및 용서 구함

☞ 저는 피해자분께 직접 연락을 드려 진심으로 용서를 구하였고, 저로 인해 입은 피해를 보상하고자 최선을 다하였습니다. 피해자분의 마음을 조금이나마 위로하기 위해 노력하였으며, 피해자께서 역린 힘들어하시는 모습을 볼 때마다 깊은 죄책감을 느끼고 있습니다.

⑥ 사회적 책임에 대한 인식과 반성

☞ 저는 이번 사건을 계기로 사회 구성원으로서의 책임감을 무겁게 느끼고 있습니다. 저의 행동이 사회 질서를 어지럽히고, 타인에게 크나큰 상처를 남길 수 있음을 절감하였습니다. 앞으로는 성실히 살아가며, 공동체에 보탬이 되는 삶을 살겠다고 약속드립니다.

⑦ 반성문, 진술서 등 구준한 제출 및 반성의 구체적 행위

☞ 저는 재판이 진행되는 동안 제 차체에 반성문을 제출하였고, 반성문 작성 과정에서 스스로의

47

잘못을 다시 한 번 뉘우칠 수 있습니다. 피해자에게도 저의 잘못을 고백하고 용서를 구하며, 앞으로 피해자에게 저의 잘못을 올바르게 살아가겠다는 다짐을 전했습니다. 이런 실천적 노력을 통해 조금이라도 저의 진정성을 보여드리고자 합니다.

◆ 피해 회복 및 합의 ◆

① 피해자와의 합의

☞ 저는 사건 이후 수차례 피해자분을 찾아 뵙고 진심으로 사과드렸습니다. 상호 간 여러 차례 대화를 가져 저의 잘못을 인정하고, 피해자분과 원만하게 합의에 이르게 되었습니다. 합의과정에서 피해자분의 요구를 최대한 반영하여 경제적·정신적 피해가 회복될 수 있도록 힘썼습니다.

② 피해자의 처벌불원 의사

☞ 피해자분께서 저의 진심 어린 반성과 피해회복 노력을 이해해 주시고, 더 이상 저를 처벌하지 않기를 원한다는 의사를 명확히 밝혀 주셨습니다. 이에 따라 피해자분이 직접 처벌불원서와 탄원서를 제출해 주셨습니다. 저 역시 이러한 피해자분의 너그러움에 보답할 수 있도록 평생 반성하며 살 것을 다짐합니다.

③ 피해 회복의 정도(완전/부분/경미성 등)

☞ 피해자분께 실제로 발생한 손해에 전액을 현금으로 배상하였으며, 물적·정신적 피해가 모두 해소될 수 있도록 노력하였습니다. 치료비, 위자료 등 현실적으로 필요한 비용을 모두 지급하였고, 피해자분의 일상 회복을 위해 추가 지원도 아끼지 않았습니다. 현재 피해자분은 사건 전과 다름없이 일상생활을 영위하고 있습니다.

④ 피해자에 대한 지속적 사과와 배려 노력

☞ 저는 그저 한두번의 사과에 그치지 않고, 시간이 지나도 꾸준히 피해자분께 용서를 구하고 사과의 마음을 전달하고 있습니다. 명절, 기념일 등에도 문안 인사를 드리며, 피해자분의 심리적 안정을 위해 도움이 필요하다면 언제든 동행하는 입장을 전달하였습니다. 피해자분의 감정이 회복될 때까지 끝가지 책임을 다할 생각입니다.

⑤ 피해 회복을 위한 구체적 행동(치료비·위자료 지급, 생활지원 등)

☞ 사건 발생 즉시 피해자분이 입은 신체적·정신적 고통을 덜어드리고자 치료비 및 위자료를

⑥ 피해자의 용서 및 감정의 변화

☞ 처음에는 피해자분께서 많이 상심하고 분노하셨으나, 반복적인 사과와 진심어린 회복 노력에 저를 용서해 주시게 되었습니다. 최근에는 피해자분과의 관계도 점차 안부를 전할 만큼 신뢰가 생겼습니다. 저는 이 은혜를 절대 잊지 않고, 앞으로도 피해자분께 누가 되지 않도록 더욱 조심하며 살아가겠습니다.

⑦ 범행 후 즉각적이고 적극적인 회복 노력

☞ 저는 범행 직후 곧바로 피해자분께 연락하여 사과의 뜻을 전하고, 필요한 모든 지원을 아끼지 않았습니다. 피해자분이 겪는 불편을 최소화하기 위해 매사에 신속하게 대응하였고, 경제적 손실뿐 아니라 심리적 충격까지 해소할 수 있도록 전문 상담도 연계하였습니다. 향후에도 피해자분의 요청이 있으면 언제든 성심껏 돕를 예정입니다.

◆ 범행의 경위와 동기 ◆

① 우발적이고 계획적이지 않은 범행

☞ 저는 범행을 미리 계획하거나 사전에 준비한 적이 없으며, 단순히 순간적인 충동에 휩쓸려 선택을 하게 되었습니다. 평소 성실하게 살아왔으나, 그날 따라 편단력이 흐려진 상태에서 우발적으로 범행이 이루어진 점이 후회하고 있습니다. 이로 인해 피해자 및 가족, 사회에 큰 실망을 안겨드린 점 다시 한번 사과드립니다.

② 궁박한 처지, 타인의 강요 등

☞ 가족의 생계를 책임지면서 경제적으로 극심한 어려움에 직면하게 되었고, 그 과정에서 정상적인 판단을 내리지 못할 결정을 하게 가까운 지인의 반복된 권유와 압박을 끝내 거절하지 못하고 범행에 가담하고 있습니다. 앞으로는 어떠한 상황에서도 선택을 하지 않고 법행에 가담하게 된 점을 반성하고 있습니다. 앞으로는 어떠한 상황에서도 선택을 하지 않고 타인의 강요에 의해 자신을 철저히 단속하겠습니다.

49

③ 심신미약 상태

☞ 범행 당시 극심한 우울증과 불안장애를 겪고 있었고, 치료를 받았으며, 정신적 고통에 시달리던 중 이성을 잃고 순간적으로 충동적인 행동을 하게 된 점을 진심으로 후회합니다. 현재도 전문 의료진의 도움을 받으며 치료에 전념하고 있습니다.

④ 타인을 도와주려다 범행에 연루됨

☞ 지인의 부탁을 거절하지 못해 도와주려던 것이 의도치 않게 범행에 연루되는 결과로 이어졌습니다. 제 행위가 범죄임을 인지하지 못한 채 무심코 참여했다가, 큰 잘못임을 뒤늦게 깨닫고 반성하고 있습니다. 이제는 어떠한 부탁이라도 신중하게 판단하고 법과 원칙을 최우선으로 삼을 것을 다짐합니다.

⑤ 사회·직장에서의 압박 또는 극심한 스트레스

☞ 최근 직장에서의 지속적인 업무 스트레스와 인간관계 갈등 등으로 인해 심신이 매우 지쳐 있는 상태였습니다. 그 과정에서 판단력이 흐려져 잘못된 행동을 하게 된 점을 깊이 뉘우치고 있습니다. 앞으로는 스트레스 관리와 자기 성찰에 더욱 힘쓰겠습니다.

⑥ 범행 후 즉시 자수 및 협조

☞ 범행의 심각성을 곧바로 인식하고, 즉시 경찰서에 자진 출두하여 모든 사실을 솔직하게 진술하였습니다. 수사 과정에서도 사실을 숨기거나 회피하지 않고, 책임을 다하려 노력했습니다. 앞으로는 어떤 유혹이나 실수로 이런 실수를 반복하지 않도록 철저히 관리하겠습니다.

◆ 피고인의 전과 및 재범 위험 ◆

① 초범임을 강조

☞ 저는 이번 사건이 제 인생에서 처음으로 범한 죄입니다. 그동안 법을 어기는 일 없이 살아왔으며, 이번 일을 계기로 더욱 신중하고 바르게 살 것을 다짐하고 있습니다. 처음이자 마지막 실수임을 깊이 반성하며, 앞으로 어떠한 일이 있어도 다시는 이런 실수를 반복하지 않겠습니다.

② 동종 및 타종 전과가 없음

③ 전과가 오래전이고, 그 후 범죄 없이 살아옴

☞ 과거에 한 번 실수로 처벌을 받은 적이 있으나, 그 이후로 오랜 기간 동안 사회의 일원으로 성실하게 살아왔습니다. 그간 재범이나 불법행위 없이 살아온 것을 보면 재범 위험성이 낮다고 자부할 수 있습니다. 이번 일을 계기로 더욱 책임 있는 삶을 살아가겠습니다.

④ 재범 위험성이 객관적으로 낮음(생활태도, 환경, 주변 평가 등)

☞ 저는 현재 가족과 직장에서 모두 신뢰받는 위치에 있으며, 주변에서도 저의 성실함과 책임감을 인정받고 있습니다. 이번 범행 이후로도 스스로를 돌아보며 재범 방지를 위한 생활 습관을 꾸준히 실천하고 있습니다. 가족과 지인들 또한 저의 재범 위험성이 매우 낮다고 말해주고 있습니다.

⑤ 범행 이후 뉘우치며 꾸준히 재범방지 노력을 하고 있음

☞ 저는 범행 이후 자발적으로 상담을 받고, 반성문을 수차례 작성하면서 스스로를 단속하고 있습니다. 재판을 받는 동안 사회봉사 등 의미 있는 활동을 하며 사회 복귀 후 올바른 삶을 살아가기 위해 준비하고 있습니다. 앞으로도 지속적으로 이와 같은 노력을 멈추지 않을 것입니다.

◆ 피고인의 연령, 환경, 건강 ◆

① 고령 또는 연소자(연령)

☞ 저는 올해 68세로, 일반적인 사회활동이나 경제활동이 매우 어려운 고령입니다. 연령상 기억력이나 판단력도 현저히 저하되어 있으며, 작은 법적처벌이 회복이 더딘 상태입니다. 노년기에 이처럼 형사처벌을 받게 된 것이 가족에게도 큰 고통이 되고 있습니다.

② 심신 또는 건강상 취약

☞ 저는 다년간 만성질환(고혈압, 당뇨, 협심증 등)으로 지속적인 약물치료와 병원 진료가 필수적인 상황입니다. 최근 들어 건강상태가 더 악화되어 혼자 일상생활을 영위하는 데도 많은 어려움이 있습니다.

51

수감 생활이 길어질 경우 건강이 심각하게 위협받을 수 있습니다.

③ 가족 부양책임

☞ 저는 미성년 자녀 둘과 80세가 넘은 노모를 부양하고 있습니다. 현재 저의 구속으로 인해 가족의 생계가 끊기다시피 하였고, 아이들 학업이나 노모의 건강도 제대로 이뤄지지 못하고 있습니다. 저로 인해 가족 모두가 극심한 정신적·경제적 고통을 겪고 있습니다.

④ 사회적 약자, 열악한 경제·사회적 환경

☞ 저는 평생을 최저임금 일용직이나 단순노무직으로 생계를 이어오며, 기초생활수급자로 살아왔습니다. 경제적 형편이 매우 어렵고, 정부와 지역사회의 지원 없이는 기본적인 생활조차 힘든 처지입니다. 이러한 상황이 범행에 영향을 미친 점을 깊이 반성하고 있습니다.

⑤ 장애(지체 장애, 정신장애 등)

☞ 저는 10여 년 전 사고로 인해 지체장애 2급 판정을 받아 거동에 많은 제약이 있습니다. 장애로 인해 경제활동이 극히 제한되고 있으며, 여러 복지시설의 도움으로 생활하고 있습니다. 수감 시 장애인으로서의 특수 상황에 따른 어려움이 너무 클 것으로 우려됩니다.

⑥ 중병(암, 희귀질환 등) 또는 지속적 치료 필요

☞ 저는 최근 암 진단을 받아 항암치료를 받고 있으며, 주기적으로 병원에 내원하여 치료를 받고 있습니다. 치료를 중단하게 되면 생명에 직접적인 위협이 될 수 있는 상황입니다. 이러한 건강상 이유로 최대한의 선처를 간절히 부탁드립니다.

⑦ 극심한 생활고(실직, 노숙, 기초생활수급 등)

☞ 저는 최근 몇 년간 실직이 반복되어 생활이 극도로 어려워졌고, 현재는 지인의 도움으로 간신히 임시거주를 하고 있습니다. 일정한 수입원이 전혀 없는 상황에서 기초생활수급에 의존하고 있으며, 실질적인 생활비 마련조차 힘든 형편입니다.

⑧ 학력·교육·성장환경상 불리한 사정

52

⑨ 가족구성원 중 중환자 또는 장애인 부양

☞ 제 아내는 5년 전 뇌출혈로 쓰러져 현재 반신불수 장애이고, 돌봄이 없으면 일상생활이 불가능합니다. 저의 부재로 가족의 병원과 복지기관을 전전하고 있어, 가족 전체의 삶이 심각한 위기에 처해 있습니다.

⑩ 기타 개별적 환경(이혼, 한부모, 보호자 부재 등)

☞ 저는 몇 해 전 이혼 후 홀로 아이들을 양육하고 있습니다. 배우자의 부재로 인해 가족의 경제적·정서적 부담이 저 혼자에게 집중되고 있는 상황입니다. 저의 형사사건으로 인해 아이들에게 미칠 피해가 너무 커 염려스럽습니다.

◆ 범행의 수단, 방법, 결과 ◆

① 비폭력적이고 계획적이지 않은 범행

☞ 저의 범행은 사전에 치밀하게 계획된 것이 아니라, 우발적이고 충동적으로 이루어진 것이었습니다. 신체적 폭력이나 위협을 가한 사실이 전혀 없으며, 상대방의 의사에 반하는 물리력 행사가 없었습니다. 그 과정에서 누구에게도 상해나 중대한 피해를 입힌 사실이 없음을 밝힙니다.

② 경미하거나 일시적·한시적 결과

☞ 범행의 결과도 실제로 발생한 순해는 매우 경미하였고, 단기간 내에 원상회복이 가능했습니다. 사건 이후 즉시 피해 사실을 인지하고, 분바로 피해 구제를 위해 적극적으로 노력하였습니다. 그로 인해 피해자의 일상생활이나 업무에 지속적인 지장을 초래하지 않았음을 말씀드립니다.

③ 즉시 중단·범행 후 신속한 조치

☞ 범행 도중 잘못을 자각하여 즉시 행위를 멈추었으며, 이후에는 추가적 행동을 하지 않았습니다.

사건이 발생한 직후 피해자에게 직접 연락하여 피해 상황을 확인하고, 곧바로 사과와 복구 조치에 나섰습니다. 이러한 저의 즉각적인 태도는 동일한 잘못의 확산을 막고, 피해를 최소화하는 데 기여하였습니다.

④ 자수 및 자발적 범행 시인

☞ 사건 발생 직후 스스로 경찰서를 찾아가 본인의 잘못을 자진 신고하였으며, 수사기관의 조사에도 적극적으로 협조하였습니다. 처음부터 모든 사실을 숨김없이 털어놓았고, 증거 인멸이나 도주를 시도한 사실이 전혀 없습니다. 이러한 저의 행동이 범행의 경중과 별개로 신뢰를 지키려는 최소한의 의지였음을 이해해 주시기 바랍니다.

⑤ 범행 과정에서 타인에 대한 배려 또는 피해 최소화 노력

☞ 범행 과정에서 제 행동이 타인에게 더 큰 피해로 이어지지 않도록 최대한 주의를 기울였습니다. 특히 주변에 미성년자나 취약한 본인이 있었기에 그분들에게 피해가 가지 않도록 각별히 조심하였습니다. 비록 범죄라는 점에서는 변명의 여지가 없지만, 그 과정에서 추가적 피해 확산을 막기 위해 최선을 다했습니다.

⑥ 불특정 다수에게 위험을 확산시키지 않음

☞ 저의 범행은 특정한 상대에게만 국한된 것이며, 사회 전반에 불안이나 공포를 조장하는 행위는 아니었습니다. 사건의 성격상 불특정 다수에게 추가적 피해가 전파되지 않았음을 감안해 주시기 바랍니다. 특히 대중교통, 공공장소 등에서의 집단적 피해와는 거리가 먼 사건이었습니다.

⑦ 범행 결과로 추가 범죄(2차, 3차 피해)가 발생하지 않음

☞ 범행 이후 피해자가 2차적 피해를 입거나, 사건과 관련된 추가 범죄가 일어나지 않도록 각별히 조치하였습니다. 지속적으로 피해자의 상태를 확인하고, 이떤 형태로도 추가 피해가 확산되지 않도록 노력하였습니다. 이로 인해 사회적 파장이나 대외적 불안이 최소한으로 그칠 수 있었습니다.

◆ 공범 또는 연루 상황 ◆

① 가담 정도가 경미

☞ 저는 주범이 아니었고, 단순히 옆에서 일시적으로 관여한 소극적인 참여자였습니다. 범행의 주된

② 범행에서의 역할이 미미했음(단순 심부름, 보조적 역할 등)

☞ 저는 범행 과정에서 심부름 등 단순한 역할만 담당하였고, 범죄의 전체적인 계획이나 실행을 주도하거나 적극적인 참여가 전혀 없었으므로, 나른 공범들의 지시에 따라 수동적으로 움직였습니다. 저의 역할이 매우 제한적이었음을 양형에 참작해 주시기를 간곡히 부탁드립니다.

③ 가담의 시기 및 기간이 짧았음

☞ 저는 사건의 막바지에 우연히 알게 되어, 다른 공범들이 이미 대부분 범행을 마친 후에 잠시 가담하게 된 것입니다. 범행이 전개되는 상황에서 한순간 관여를 하게 되었으나, 실제로 범행 전 과정에 깊이 관여하지 않았습니다. 이와 같은 저의 짧은 가담 사실을 감안해 주시기를 양형에 반영해 주시기 바랍니다.

④ 범행 후 즉시 이탈 또는 중단하였음

☞ 저는 범행 상황이 잘못되었다는 사실을 곧바로 인지하고, 공범들에게 더 이상 관여하지 않겠다고 밝힌 후 현장을 즉시 이탈하였습니다. 이후 어떤 방식으로도 추가로 범행에 가담하지 않았고, 나머지 범행 이후 이어지는 과정에도 일절 관여하지 않았습니다. 이러한 점을 선처에 반영해 주시면 감사하겠습니다.

⑤ 범행에 대한 사전 지식이나 계획 없이 연루됨

☞ 저는 사건이 발생하기 전까지 범행이 진행될 것이라는 사실을 전혀 알지 못했고, 그 자리에 함께 있었다는 이유만으로 예상치 못하게 연루되었습니다. 범행의 구체적인 내용이나 결과를 전혀 알지 못한 채 우발적으로 가담하게 된 것을 매우 후회하고 있습니다. 앞으로는 어떤 상황에서도 신중히 행동할 것을 다짐합니다.

⑥ 타인에 의해 이용당함

☞ 저는 오랜 기간 알고 지내던 사람의 설득과 압박에 마음이 약해져 범행에 가담하게 되었습니다. 당시 상황을 제대로 판단하지 못하고 타인의 의도에 휘둘린 점을 앞으로는 주변 사람의 말에 휘둘리지 않고, 올바른 판단을 할 수 있도록 항상 경계하겠습니다.

55

⑦ 사후적으로 적극적으로 수사에 협조함(공범 진술, 범행 사실 고지 등)

☞ 범행이 드러난 이후 저는 곧바로 수사기관에 자진 출석하여, 범행 경위와 공범들의 역할을 상세히 진술하였습니다. 저의 진술이 사건의 실체적 진실 규명에 도움이 되었다고 생각하며, 이 과정에서 숨김이나 거짓 없이 적극적으로 협조하였습니다. 이 점을 양형에 참작해 주시기를 간곡히 호소합니다.

◆ 기타 정상참작 사유 ◆

① 사회봉사, 선행

저는 사건 이전부터 매주 복지관에서 무료 급식 봉사를 해왔으며, 명절마다 홀몸 어르신을 방문해 도움을 드렸습니다. 이번 사건을 계기로 더욱 깊이 사회의 소중함을 느꼈으며, 앞으로도 봉사활동을 계속할 것을 약속드립니다. 주변 이웃분들과 지역사회에서도 저의 이러한 선행을 알고 지지해주시고 있습니다.

② 자발적 교정의지, 재활계획

저는 사건 이후 자신의 잘못을 바로잡기 위해 스스로 상담치료를 시작하였고, 관련 기관에서 교육도 이수하였습니다. 사회로 복귀한 뒤에도 유사한 잘못을 저지르지 않도록 스스로를 단속하며, 정기적으로 자문과 상담을 받을 계획입니다. 가족들과도 진솔하게 대화하며 신뢰를 다시 쌓고, 건강한 사회구성원으로 거듭나기 위해 최선을 다하고 있습니다.

③ 가족·이웃 등 주변인의 탄원, 선처 요청

저의 가족과 이웃들은 저의 평소 성실한 생활태도와 반성의 모습을 확인하고, 재판부에 선처를 간곡히 요청하고 있습니다. 특히 아내와 자녀들은 이번 사건 이후 제가 많이 변화했음을 이야기하며, 가족 모두가 함께 더 나은 미래를 약속드리고 있습니다. 지인들 역시 저의 사회 복귀를 응원하며, 실질적인 지원을 아끼지 않겠다는 의사를 탄원서로 제출하였습니다.

④ 피고인의 반성문 및 진술 태도

저는 수사·재판 내내 진솔하게 자신의 잘못을 인정하고, 변명이나 책임 회피 없이 반성의 뜻을 밝혀왔습니다. 여러 차례 반성문을 직접 작성하여 제출하였고, 판사님께 저의 진심이 간절히 전달되기를 간절히 바라고 있습니다. 앞으로도 거짓 없이 진실을 말하고, 다시는 이런 일이 반복되지 않도록 살아갈 것을 바라고 있습니다.

56

맹세합니다.

⑤ 사건 이후 지속적 자선활동 및 사회기여

이번 사건을 계기로 저의 부족함을 빼저리게 깨닫고, 지역사회에 환원하고자 지선단체에 정기후원을 시작하였습니다. 노숙인 쉼터와 장애인 복지시설 등에서 봉사활동을 꾸준히 이어가며, 작게나마 사회에 보탬이 되고자 합니다. 사회로부터 받은 신뢰를 다시 얻기 위해, 앞으로도 꾸준히 기여하겠습니다.

⑥ 피고인의 경제적 곤핍, 특별한 사정

저는 소득이 불안정한 일용직 근로자로서 가족의 생계를 책임지고 있습니다. 경제적으로 있을 때 근근한 생활에서도 아이들의 교육비와 생활비를 감당하느라 늘 어려움이 많았습니다. 이런한 실수 이 이런 절을 다시 한 번 깊이 뉘우치며, 재판부의 넓은 이해와 선처를 간절히 부탁드립니다.

⑦ 사회복귀시 지역사회, 직장 등의 환영 또는 재정착 보장

저의 직장에서는 이번 사건에도 불구하고 복귀를 환영해 줄 뜻을 밝혀 주셨고, 동료들도 저를 믿어주고 있습니다. 지역사회에서도 저의 복귀를 바라는 이웃분들이 많아, 다시 사회에 기여할 수 있는 환경이 조성되어 있습니다. 이러한 점을 감안하여 저에게 다시 한 번 사회 일원으로 살아갈 기회를 주신다면 반드시 보답하겠습니다.

⑧ 피해자와의 관계 개선, 사후에도 지속적 피해구제 노력

사건 이후 피해자와 여러 차례 만나 진심으로 사과 드렸으며, 현재는 판계가 회복되어 서로 왕래하는 사이가 되었습니다. 피해자의 추가적인 요청이 있을 경우에도 즉시 도움을 드릴 수 있도록 준비하고 있습니다. 앞으로도 피해자의 입장에서 생각하고, 피해 회복과 생활에 실질적 도움이 될 수 있도록 최선을 다하겠습니다.

⑨ 사회적 약자임을 보여주는 자료, 사정

저는 장애를 가지고 일상생활과 취업 모두에 있어 많은 어려움을 겪고 있습니다. 사회적 약자의 입장에서 성실하고 정직하게 살기 위해 늘 노력해 왔으나, 한순간의 실수로 이런 일이 발생하였습니다. 이 점을 참작해 주시어 다시 한 번 사회에 적응할 수 있는 기회를 간절히 부탁드립니다.

[양식] 배우자/가족 탄원서 예시

[유형별]

목적: 피고인이 가정에서 차지하는 역할과 책임감을 강조하고, 구금 시 가족이 겪게 될 실질적인 어려움을 호소하며 선처를 구합니다.

탄 원 서

사건번호: [사건번호 입력]
피 고 인: [피고인 이름]
탄 원 인: [탄원인 이름] (피고인과의 관계: [예: 처/남편])
연 락 처: [탄원인 연락처]
주 소: [탄원인 주소]

존경하는 재판장님

저는 위 사건의 피고인 OOO 의 아내(남편) OOO 입니다. 남편(아내)이 저지른 잘못으로 인해 고통받고 계실 피해자분께 먼저 사죄의 말씀을 드립니다. 또한, 저희 가족에게 닥친 이 큼직한 일에 대해 참담한 심정으로 재판장님께 선처를 구하고자 이 글을 올립니다.

제 남편(아내) OOO 은/는 결코 범죄를 저지를 사람이 아니라고 믿어왔습니다. 평소 누구보다 성실하고 책임감 강한 가장이었고, 자녀들에게는 한없이 자상한 아빠(엄마)였습니다. 매일 밤 늦은 일까지 저희 가족의 생계를 책임졌고, 주말이면 피곤한 몸을 이끌고 아이들과 시간을 보내주던 사람이었습니다. 그런 사람이 한순간의 잘못된 판단으로 이토록 큰 죄를 짓게 되었다는 사실이 아직도 믿기지 않습니다.

물론, 제 남편(아내)이 저지른 죄는 그 어떤 말로도 변명할 수 없습니다. 자신의 잘못을 뼈저리게 뉘우치며 구치소에서 매일 눈물로 반성하고 있다는 소식을 접할 때마다, 아내(남편)로서 곁에서 함이 되어주지 못하는 올바른 길로 이끌지 못한 제 자신이에 대한 자책감에 가슴이 미어집니다.

존경하는 재판장님,

만약 남편(아내)이 오랜 기간 사회와 격리된다면, 저희 가족의 생계는 막막해집니다. 아직 어린 저희 아이들(또는 연로하신 부모님)은 아빠(엄마)의 부재를 감당하기 어렵습니다. 남편(아내)은 저희 가정의 기둥이자 전부입니다.

부디 재판장님의 너그러운 아량으로 제 남편(아내)에게 마지막으로 한 번만 기회를 주시길 간절히 부탁드립니다. 남편(아내)이 사회로 돌아와 피해자분께 평생 속죄하고, 저희 가정에 대한 책임을 다하며 성실하게 살아갈 수 있도록 힘을 열어주시길 눈물로 호소합니다. 저 또한 아내(남편)로서 곁에서 그를 올바른 길로 이끌고, 다시는 같은 잘못을 반복하지 않도록 평생 노력하겠습니다.

20   년   월   일

탄원인 성 춘 향 (인)

[양식] 부모님 탄원서 예시

목적: 자식의 잘못을 인정하고 부모로서의 책임을 통감함을 표현하며, 자식의 본래 심성과 성장 과정, 그리고 앞으로 부모가 어떻게 지도할 것인지를 밝혀 선처를 구합니다.

탄 원 서

사건번호: [사건번호 입력]
피 고 인: [피고인 이름]
탄 원 인: [탄원인 이름] (피고인과의 관계: [예: 처/남편])
연 락 처: [탄원인 연락처]
주 소: [탄원인 주소]

존경하는 재판장님

저는 죄인 OOO의 어미(아비)입니다. 못난 자식을 제대로 가르치지 못해 사회에 큰 물의를 일으키고, 피해자분께 씻을 수 없는 상처를 드린 점, 부모로서 고개 숙여 사죄드립니다. 모든 것이 자식을 올바르게 이끌지 못한 저의 불찰입니다.

제 아들(딸) OOO은/는 본래 마음만은 따뜻하고 심성이 나쁜 아이는 아니었습니다. [피고인의 긍정적인 면모를 보여주는 어린 시절의 구체적인 일화 등을 간략히 서술]. 하지만 사회생활을 시작하고 힘든 일을 겪으며 잘못된 길에 빠진 것 같습니다. 자식의 고통을 미리 헤아리고 보듬어주지 못한 제 자신이 너무나 원망스럽습니다.

구치소에서 면회를 할 때마다, 자신의 잘못을 절절히 후회하며 눈물을 흘리는 자식의 모습을 보며 가슴이 찢어집니다. 이미 저지른 대가는 반드시 치러야 함을 알고 있습니다. 하지만 부디 제 아들(딸)이 인생을 포기하지 않고, 자신의 잘못을 바로잡아 새로운 사람으로 살아갈 수 있도록 마지막 기회를 주시길 간절히 원합니다.

존경하는 재판장님,

이 못난 부모에게 마지막으로 자식을 책임지고 바로잡을 기회를 주십시오. 제 아들(딸)이 사회로 돌아온다면, 저희 부모가 모든 것을 걸고 곁에서 지도하고 보살피겠습니다. 다시는 사회에 해가 되는 어리석은 행동을 하지 않도록 엄하게 가르치고, 피해자분께 평생 속죄하는 마음으로 살아가도록 이끌겠습니다. 부디 재판장님의 넓으신 아량으로 선처를 베풀어 주시길 간절히 탄원합니다.

20 년 월 일

탄원인 성춘향 (인)

[양식] 직장 동료/고용주 탄원서 예시

목적: 피고인의 사회적 유대관계와 성실성을 증명하고, 재범 위험이 낮으며 사회 복귀 시 안정적인 생활이 가능함을 보여주어 선처를 구합니다.

탄 원 서

사건번호: [사건번호 입력]
피 고 인: [피고인 이름]
탄 원 인: [탄원인 이름] (피고인과의 관계: [예: 처/남편])
연 락 처: [탄원인 연락처]
주 소: [탄원인 주소]

존경하는 재판장님

저는 OOO 회사에서 피고인 OOO 의 직장 상사(고용주)로 근무하고 있는 OOO 입니다. 먼저 저희 직원이 사회에 물의를 일으킨 점에 대해 깊은 유감을 표하며, 피해자분께도 진심으로 사과의 말씀을 드립니다.

피고인 OOO 은/는 지난 O 년간 저희 회사에서 근무하며 누구보다 성실하고 책임감 있는 직원이었습니다. 궂은일도 마다하지 않았고, 동료들과의 관계도 원만하여 주위의 신망이 두터웠습니다. [피고인의 성실함, 책임감 등을 보여주는 구체적인 업무 사례 등을 간략히 서술]. 그랬기에 저는 OOO 의 소식을 들었을 때 제 귀를 의심할 수밖에 없었습니다.

물론 피고인이 저지른 잘못은 결코 가볍지 않으며, 응당한 처벌을 받아야 함을 알고 있습니다. 하지만 제가 아는 OOO 은/는 자신의 잘못을 회피할 사람이 아니며, 이번 일에 대해 누구보다 깊이 반성하고 괴로워할 것이라 믿습니다.

존경하는 재판장님,

피고인 OOO 에게 사회로 복귀할 기회를 주신다면, 제가 그의 고용주로서 책임지고 올바른 사회 구성원으로 살아갈 수 있도록 돕겠습니다. 저희 회사는 OOO 이 다시 일할 수 있도록 그의 자리를 보전하고, 안정적인 경제 활동을 통해 피해자에게 피해를 배상하고 자신의 삶을 재건할 수 있도록 적극적으로 지원할 것입니다. 부디 한 번의 실수가 한 사람의 인생을 송두리째 무너뜨리지 않도록, 재기를 향한 기회를 허락하여 주시길 간절히 부탁드립니다.

20   년   월   일

탄원인 성 춘 향 (인)

[양식] 친구/지인 탄원서 예시

목적: 객관적인 제3자의 시선으로 피고인의 평소 인품과 선량함을 증언하고, 사건에 대한 안타까움과 피고인의 반성을 전하며 선처를 구합니다.

탄 원 서

사건번호: [사건번호 입력]
피 고 인: [피고인 이름]
탄 원 인: [탄원인 이름] (피고인과의 관계: [예: 친/남편])
연 락 처: [탄원인 연락처]
주 소: [탄원인 주소]

존경하는 재판장님

저는 피고인 000 와 0 년 동안 우정을 이어온 친구 000 입니다. 친구가 저지른 잘못으로 고통받으실 피해자분께 먼저 사죄의 말씀을 드립니다. 친구의 잘못을 미리 막지 못한 것 같아 참담하고 죄송한 마음입니다.

제가 아는 친구 000 은/는 불의를 보면 참지 못하고, 어려운 친구를 보면 먼저 손을 내밀 줄 아는 따뜻한 마음을 가진 사람이었습니다. [피고인의 선량한 인품을 보여주는 구체적인 일화 등을 간략히 서술]. 그런 친구가 이토록 큰 잘못을 저질렀다는 소중에 너무나 안타까움을 느낍니다. 한순간의 잘못된 판단이 얼마나 큰 비극을 낳았는지, 친구 역시 구치소에서 빠져나제 느끼며 후회하고 있을 것입니다.

친구가 저지른 죄에 대해서는 어떠한 변명의 여지도 없으며, 그에 합당한 벌을 받아야 마땅합니다. 하지만 부디 친구가 자신의 잘못을 진심으로 뉘우치고 있다는 점과, 본래 심성은 결코 악하지 않다는 점을 참작하시어 마지막 관용을 베풀어 주시길 간절히 바랍니다.

친구가 다시 사회로 돌아올 기회를 얻는다면, 저를 포함한 친구들이 곁에서 그가 올바른 길을 걸을 수 있도록 지지하겠습니다. 다시는 어리석은 잘못을 반복하지 않도록 아끼지 않고, 건강한 사회의 일원으로 살아갈 수 있도록 할 것이 되겠습니다. 부디 저 친구 000 에게 새 삶의 기회를 허락하여 주시길 바랍니다.

존경하는 재판장님,

20 년 월 일

탄원인 성 춘 향 (인)

[양식] 피해자 탄원서 예시 (처벌 불원)

목적: 피해자가 피고인과 원만히 합의하였고, 피고인의 처벌을 원하지 않는다는 의사를 재판부에 명확히 전달하여 선처를 구합니다. (피해자의 진정한 용서가 담길 때 가장 큰 효력이 있습니다.)

탄원서

사건번호: [사건번호 입력]
피 고 인: [피고인 이름]
탄 원 인: [탄원인 이름] (피고인과의 관계: [예: 처/남편])
연 락 처: [탄원인 연락처]
주 소: [탄원인 주소]

존경하는 재판장님

저는 위 사건의 피해자 OOO 입니다.

사건 초기, 저는 피고인 OOO 에 대한 원망과 분노로 너무나 큰 고통의 시간을 보냈습니다. 하지만 피고인은 사건 이후 수차례 저와 제 가족을 찾아와 진심으로 사죄하였고, 저의 피해를 회복시키기 위해 최선의 노력을 다하는 모습을 보여주었습니다.

피고인의 진심 어린 반성과 사죄의 모습을 보며, 저는 피고인을 용서하기로 마음먹었습니다. 이에 피고인과 원만히 합의하였으며, 현재는 피고인에 대한 어떠한 처벌도 원하지 않습니다.

물론 피고인이 저지른 잘못이 사라지는 것은 아닙니다. 하지만 피고인 역시 자신의 잘못을 깊이 뉘우치고 있으며, 한 가정의 가장으로서 책임져야 할 삶의 무게가 있다는 점을 알게 되었습니다. 피고인이 엄한 처벌을 받기보다는, 사회로 돌아가 자신의 잘못을 평생 반성하며 성실하게 살아갈 기회를 갖는 것이 더 바람직하다고 생각합니다.

존경하는 재판장님,

부디 피고인과 원만히 합의에 이르렀고, 피고인에 대한 처벌을 원치 않는 저의 의사를 참작하시어, 피고인에게 최대한의 관용을 베풀어 주시길 간곡히 부탁드립니다.

20   년   월   일

탄원인 성춘향 (인)

<지매서적> 다시, 삶의 이름으로 (수용자를 위한 실전 Q&A 완전판) **목차 소개**

PART 1 _ 세상과의 단절, 갑작스레 격리되다

Chapter 1   체포부터 선고까지 - 법적 과정의 흐름

[section 1.1] 체포와 조사 단계에서의 권리 이해하기 ··· 020

Q1. 체포 현장에서 경찰이 제시해야 하는 서류는 무엇이며, 저는 어떤 권리가 있나요? ········· 020
Q2. 체포 직후 가족에게 연락할 권리가 있다고 들었는데, 어떻게 행사할 수 있나요? ············ 020
Q3. 진술거부권은 정확히 무엇이며, 언제 어떻게 행사하는 것이 좋을까요? ······················· 021
Q4. 변호인 선임 없이 조사를 받게 된다면 어떤 점을 특히 주의해야 하나요? ····················· 021
Q5. 경찰/검찰 조사에서 잘못 말하지 않기 위한 핵심 원칙은 무엇인가요? ························· 022

[section 1.2] 구속 전 심문과 초기 대응 전략 ·· 023

Q1. 구속영장이 청구되면 반드시 영장실질심사(구속 전 피의자심문)를 받게 되나요? ·········· 023
Q2. 영장실질심사에서 판사에게 어떤 내용을 이야기하는 것이 효과적인가요? ···················· 024
Q3. 영장실질심사 전에 변호인과 상담할 시간이 주어지나요? ·· 025
Q4. 영장실질심사에서 주의해야 할 행동은 무엇인가요? ··· 025
Q5. 영장실질심사에서 가족이나 지인이 도울 수 있는 방법이 있나요? ······························· 026

[section 1.3] 조사 중 흔히 겪는 문제와 대응법 ··· 027

Q1. 수사관이 협박이나 회유를 할 경우 어떻게 대응해야 하나요? ····································· 027
Q2. 조사 중 휴식이나 화장실 사용을 요청할 수 있나요? ··· 028
Q3. 조서 내용을 꼼꼼히 확인하는 방법과 수정을 요청하는 올바른 방법은 무엇인가요? ········ 029
Q4. 구속된 직후 가장 먼저 해야 할 일은 무엇인가요? ··· 030
Q5. 구속적부심은 언제, 어떻게 청구할 수 있으며, 성공 가능성을 높이는 방법은 무엇인가요? · 032

[section 1.4] 재판의 흐름과 핵심 절차 이해하기 ··· 034

Q1. 검찰 송치 후 기소 여부는 어떻게, 언제 결정되나요? ·· 034
Q2. 기소된 후 첫 재판까지 제가 준비해야 할 것들은 무엇일까요? ·································· 034
Q3. 공판기일 통지를 받았는데, 이때부터 어떤 권리를 행사할 수 있나요? ························· 035
Q4. 첫 공판에서는 어떤 일이 진행되며, 제가 특별히 준비해야 할 것이 있나요? ················· 037
Q5. 재판 중 발언 기회는 언제 주어지며, 무엇을 이야기하는 것이 좋을까요? ····················· 038

63

Q6. 증인 신문 과정에서 주의해야 할 점은 무엇인가요?	040
Q7. 검사의 '구형'이란 무엇을 의미하며, 이후 어떤 절차가 진행되나요?	042
Q8. 최후 진술은 어떻게 준비해야 효과적일까요?	043
Q9. 양형에 유리한 자료를 준비하는 방법과 시기는 언제인가요?	044
Q10. 반성문은 어떻게 작성하는 것이 효과적인가요?	046
Q11. 집행유예 선고를 받을 가능성을 높이는 방법은 무엇인가요?	048
Q12. 형기산정은 어떻게 계산되며, 구속 기간이 모두 형기에 포함되나요?	049

[section 1.5] 선고 후 항소와 재심 준비 ·········· 050

Q1. 선고 결과에 불복하여 항소하려면 어떤 절차를 거쳐야 하나요?	050
Q2. 항소심에서 원심보다 형량이 늘어날 가능성(불이익변경금지원칙)은 어떻게 되나요?	052
Q3. 억울하게 형이 확정되었을 때 재심을 청구할 수 있는 조건은 무엇인가요?	054

Chapter 2   법정 밖의 힘 - 변호사와의 동행 ·········· 056

[section 2.1] 변호사 선택 시 고려할 점 ·········· 056

Q1. 변호사를 선임할 때 가장 중요하게 봐야 할 점은 무엇인가요?	056
Q2. 변호사 찾는 방법과 선임 비용은 어느 정도인가요?	058
Q3. 믿을 수 있는 변호사인지 어떻게 판단할 수 있나요?	059

[section 2.2] 국선과 사선, 어떤 기준으로 고를까? ·········· 061

Q1. 국선변호인은 어떤 경우에 선정받을 수 있나요?	061
Q2. 국선변호인과 사선변호인, 어떤 차이가 있고 어떻게 선택해야 할까?	063
Q3. 국선변호인이 선임되었을 때, 효과적으로 소통하는 방법은 무엇인가요?	065

[section 2.3] 효과적인 소통과 갈등 해소 전략 ·········· 066

Q1. 변호사와 어떻게 소통해야 법적 대응이 가능할까요?	066
Q2. 변호사와의 관계에서 흔히 발생하는 문제들과 해결방법은 무엇인가요?	068
Q3. 가족과 변호사 사이의 협력 관계를 어떻게 구축하면 좋을까?	069
Q4. 변호사에게 꼭 전달해야 할, 그리고 물어봐야 할 내용은 무엇인가요?	071

PART 2 _ 이방인들의 땅, 교도소에 들어가다

Chapter 3   생존법칙, 슬기롭게 스며드는 법 ·········· 076

[section 3.1] 지켜야 할 시간과 규율
Q1. 교도소의 일과 중 엄격하게 지켜야 하는 시간대는 언제이며, 그 이유는 무엇인가요? ······ 076
Q2. 교도소에 처음 들어갈 때 제가 가져갈 수 있는 물품과 가져갈 수 없는 물품은 무엇인가요? ······ 077
Q3. 구치소/교도소 내 시간표는 어떻게 구성되어 있으며, 일과를 어떻게 보내게 되나요? ······ 079
Q4. 처음 맞닥뜨릴 수 있는 심리적 충격을 최소화할 수 있을까요? ······ 081

[section 3.2] 예의 있는 관계 만들기 ······ 083
Q1. 다른 수용자들과의 관계에서 가장 중요한 예절은 무엇이며, 어떻게 실천할 수 있나요? ······ 083
Q2. 함께 방을 쓰는 사람들이 낯설고 무서울 때 처음에 어떻게 행동해야 하나요? ······ 085
Q3. 교도소 내에서 다른 수용자들과 어떻게 관계를 맺는 것이 바람직한가요? ······ 087
Q4. 교정 직원들과 좋은 관계를 유지하는 방법은 무엇인가요? ······ 088

[section 3.3] 갈등 예방과 해결 방법 ······ 090
Q1. 공동생활 공간에서 발생할 수 있는 갈등의 예시와 그 해결방안은 무엇인가요? ······ 090
Q2. 다른 수용자가 괴롭히면 어떻게 대응해야 하나요? ······ 092
Q3. 교도소 안에서 동료 수감자로부터 부당한 일을 당했다면 어떻게 대응해야 하나요? ······ 094
Q4. 교도소 안에서 교정공무원으로부터 부당한 일을 당했다면 어떻게 대응해야 하나요? ······ 096

Chapter 4 가족과의 연결 다시 잇기 ······ 098

[section 4.1] 접견 - 물리적 간극을 잇는 만남 ······ 098
Q1. 교도소에서 가족을 만날 수 있는 접견에는 어떤 종류가 있으며, 각 접견의 절차는 어떻게 되나요? ······ 098
Q2. 접견 시 지켜야 할 주요 규정(횟수, 시간, 동반 인원, 예약 규칙, 취소 시 불이익 등)은 무엇인가요? ······ 100
Q3. 가족 접견 시, 특히 어린 자녀와 함께 방문할 경우 어떤 준비를 하는 것이 좋을까요? ······ 101

[section 4.2] 서신 - 종이 위에 담은 마음 ······ 103
Q1. 교도소로 편지를 보내고 받는 방법, 특히 e-그린우편 서비스는 어떻게 이용하나요? ······ 103
Q2. 편지에는 주로 어떤 내용을 쓰고, 어떤 내용은 피해야 하나요? ······ 104
Q3. 편지에 사진 등을 동봉할 때 허용되는 것과 금지되는 것은 무엇인가요? ······ 105
Q4. 편지 내용에 대한 검열은 어느 정도로 이루어지나요? ······ 106

[section 4.3] 전화 통화 - 절제된 목소리를 듣다 ······ 107
Q1. 교도소에서 전화 통화를 하려면 어떤 규칙을 따라야 하고, 신청 절차나 비용, 상대방 전화번호 등록은 어떻게 하나요? ······ 107

[section 4.4] 배우자 등 - 핵심적인 유대감 재건 및 강화 ······ 109

Q1. 떨어져 있는 동안 배우자와의 신뢰와 친밀감을 유지하기 위한 전략은 무엇인가요?	109
Q2. 배우자와 편지나 접견으로 효과적으로 소통하는 방법은 무엇인가요?	110
Q3. 수용 중 배우자와의 이혼 위기나 이혼 요구에 어떻게 대처해야 하나요?	111
Q4. 교정시설 내 또는 외부 지원을 통해 받을 수 있는 부부 상담이나 관계 개선 프로그램이 있나요?	112

[section 4.5] 자녀 - 떨어져 있어도 부모로서 ·········· 113

Q1. 수감 사실을 자녀에게 어떻게 설명해야 할까요 (연령별 고려사항 포함)?	113
Q2. 자녀에게 힘이 되고 사랑을 전하는 편지는 어떻게 써야 할까요? 어떤 내용을 담는 것이 좋을까요?	114
Q3. 부모의 수감으로 인해 자녀가 겪을 수 있는 정서적 어려움과 트라우마를 이해하고 지원하려면 어떻게 해야 하나요?	115

[section 4.6] 연로하신 부모님 - 마음 전하기 ·········· 116

Q1. 연로하신 부모님의 건강과 안부를 확인하기 위해 허용된 채널(편지, 가족 면회/통화 시 전달 등)을 어떻게 활용할 수 있을까요?	116
Q2. 편지를 통해 연로하신 부모님께 걱정과 사랑을 어떻게 표현할 수 있을까요?	117

[section 4.7] 떨어져 있어도 함께 축하하기 - 특별한 날 ·········· 118

Q1. 교도소 안에서 가족의 생일, 기념일, 명절 등을 어떻게 축하하거나 기억할 수 있을까요?	118

[section 4.8] 미래를 향하여 - 새로운 시작의 토대로서의 가족 ·········· 119

Q1. 가족들은 관계 회복을 위해 노력하는 수용자에게 보통 무엇을 바라나요?	119
Q2. 수용자 가족들이 이용할 수 있는 지원 서비스에는 어떤 것들이 있나요? (예: '세움', 한국법무보호복지공단 등)	120

Chapter 5 몸과 마음을 건강하게 유지하기 ·········· 122

[section 5.1] 건강 지키는 작은 습관들 ·········· 122

Q1. 제한된 공간에서 할 수 있는 효과적인 운동에는 어떤 것들이 있나요?	122
Q2. 당뇨나 고혈압 같은 만성질환이 있을 때 어떻게 관리해야 하나요?	123
Q3. 건강한 식습관을 유지하는 방법은 무엇인가요?	124
Q4. 건강에 도움이 되는 영치금 사용 방법은 무엇인가요?	124

[section 5.2] 아플 때 대처법과 의료지원 받기 ·········· 125

Q1. 아플 때 교도소에서 의료 도움을 어떻게 받을 수 있나요?	125
Q2. 응급상황이 발생했을 때 어떻게 대처해야 하나요?	126
Q3. 정기적으로 복용해야 하는 약이 있을 때는 어떻게 해야 하나요?	128

Q4. 건강 정보를 기록하고 관리하는 효과적인 방법은 무엇인가요? ········· 129

[section 5.3] 감정의 폭풍 속에서 중심 잡기 (심리 응급처치) ········· 130

Q1. 답답하거나 우울한 마음은 어떻게 다스릴 수 있을까요? ········· 130
Q2. 걱정스러운 구속으로 머리가 하얗게 되고 아무 생각이 안 날 때, 어떻게 해야 하나요? ········· 132
Q3. 내가 나쁜 사람이 된 것 같고 세상과 단절된 느낌이 들 때, 이런 감정을 어떻게 다뤄야 하나요? ········· 133
Q4. 가족이 실망할까 봐 두려울 때, 어떻게 마음을 다스릴 수 있을까요? ········· 134
Q5. 판결을 듣고 충격에 빠졌을 때, 어떻게 마음을 추스를 수 있을까요? ········· 135
Q6. 밤에 불안해서 잠이 안 올 때 어떻게 해야 하나요? ········· 137
Q7. 종교활동이나 상담 프로그램은 어떻게 참여할 수 있나요? ········· 138

Chapter 6 낯선 언어 배우기 - 교도소 은어와 소통의 기술 ········· 140

[section 6.1] 자주 듣는 교도소 은어 ········· 140

Q1. 구치소나 교도소에서 빈번하게 사용되는 은어는 어떤 것이 있나요? ········· 140
Q2. 교도소 은어를 모를 때 어떻게 물어봐야 할까요? ········· 141

[section 6.2] 은어의 경계와 위험 ········· 143

Q1. 교도소 은어 사용이 필요한 상황과 피해야 할 상황을 구분하는 기준은 무엇인가요? ········· 143
Q2. 은어 사용으로 인해 생길 수 있는 오해나 갈등은 어떤 것이 있나요? ········· 144
Q3. 새로운 은어를 접했을 때, 그 의미를 안전하게 파악하는 방법은 무엇인가요? ········· 145

[section 6.3] 교정 직원과의 올바른 소통법 ········· 146

Q1. 교도소에서 건의나 부탁을 하고 싶으면 어떤 언어 어떻게 해야 하나요? ········· 146
Q2. 교정 직원과의 대화에서 주의해야 할 언어 사용의 규칙은 무엇인가요? ········· 148
Q3. 교도소에서 필요한 것을 요청할 때 가장 적절한 방법은 무엇인가요? ········· 149

PART 3 _ 의미있는 체류, '다른 나'로 거듭나다

Chapter 7 직업훈련과 자격증 - 내일을 준비하는 기술 ········· 152

[section 7.1] 어떤 직업훈련이 있나요? ········· 152

Q1. 교도소에서 받을 수 있는 직업훈련은 어떤 것들이 있나요? ········· 152
Q2. 자격증을 따면 나중에 정말 도움이 되나요? ········· 153
Q3. 공부를 더 하고 싶은데 교도소에서 가능한가요? (검정고시, 대학 과정 등) ········· 154

67

[section 7.2] 신청 절차와 주의점 ·········· 156
- Q1. 직업훈련을 받으려면 어떻게 신청하나요? 신청하면 다 할 수 있나요? ·········· 156
- Q2. 나이 많아도 훈련 받거나 자격증 딸 수 있을까요? ·········· 157
- Q3. 훈련이나 공부할 때 주의해야 할 점은 무엇인가요? ·········· 158

[section 7.3] 자격증의 현실적 활용과 급여 정보 ·········· 160
- Q1. 출소 후 실제로 취업하기 좋은 자격증은 무엇인가요? ·········· 160
- Q2. 자격증별 평균 급여 수준은 어떻게 되나요? ·········· 162
- Q3. 자격증을 여러 개 따는 것이 좋을까요, 아니면 하나를 전문적으로 파는 게 좋을까요? ·········· 163

Chapter 8 출역 - 일하며 적응하기 ·········· 165

[section 8.1] 공장과 관용부 작업장의 차이 ·········· 165
- Q1. 교도소에서 할 수 있는 일(작업장)은 어떤 종류가 있나요? ·········· 165
- Q2. 공장 작업과 관용부 작업의 차이점과 각각의 장단점은 무엇인가요? ·········· 166
- Q3. 작업은 꼭 해야 하나요? 하면 어떤 좋은 점이 있나요? ·········· 168

[section 8.2] 출역 지원과 배정 절차 ·········· 169
- Q1. 내가 원하는 작업을 할 수는 없나요? ·········· 169
- Q2. 출역 신청은 어떻게 하며, 배정은 어떤 기준으로 이루어지나요? ·········· 170
- Q3. 작업 배정에 불만이 있을 때 어떻게 해야 하나요? ·········· 171

[section 8.3] 작업 중 갈등 없이 지내는 법 ·········· 173
- Q1. 작업하면서 지켜야 할 기본 규칙은 어떤 게 있나요? ·········· 173
- Q2. 다른 작업장 동료들과 잘 지내려면 어떻게 하면 좋을까요? ·········· 174
- Q3. 작업 중 실수했을 때 어떻게 대처하는 것이 좋을까요? ·········· 176

Chapter 9 창업의 꿈 - 작은 씨앗 심기 ·········· 178

[section 9.1] 창업 전 준비할 네 가지 ·········· 178
- Q1. 출소 후에 가게를 차리고 싶은데, 어떤 준비부터 해야 하나요? ·········· 178
- Q2. 창업하려면 돈이 얼마나 필요하나요? ·········· 180
- Q3. 실패하지 않으려면 창업 전에 꼭 체크해야 할 것은 무엇이 있을까요? ·········· 181
- Q4. 작은 자본으로 시작할 수 있는 사업은 무엇이 있나요? ·········· 183

[section 9.2] 가족과 함께 창업할 때 주의점 ·········· 184

Q1. 혼자 참여하는 것보다 가족이나 친구와 같이 하는 게 좋을까요? ····184
Q2. 가족과 함께 사업할 때 자주 생기는 문제는 무엇인가요? ····185
Q3. 가족과 함께 사업하기 전에 꼭 정해둬야 할 규칙은 무엇인가요? ····186

[section 9.3] 교도소 안에서 가능한 창업 준비 ····188
Q1. 교도소 안에서 창업 준비를 어떻게 할 수 있나요? ····188
Q2. 창업 관련 정보는 어디서 얻을 수 있나요? ····189
Q3. 교도소에서 배운 기술로 창업까지 이어진 사례가 있나요? ····190

Chapter 10 돈을 지키는 법 - 재정관리의 기술 ····192

[section 10.1] 교도소 안에서의 돈 관리법 ····192
Q1. 영치금은 무엇이며, 어떻게 관리하고 사용할 수 있나요? ····192
Q2. 교도소 안에서 받은 돈이나 도움 돈을 어떻게 관리하면 좋을까요? ····193
Q3. 교도소 안에서 필요한 물건을 사고 싶을 때는 어떻게 해야 하나요? ····194

[section 10.2] 출소 직후 생계비 마련 전략 ····196
Q1. 출소 후 가장 먼저 필요한 생활비는 얼마나 될까요? ····196
Q2. 돈을 아끼면서도 잘 쓰는 방법이 있을까요? ····197
Q3. 긴급하게 돈이 필요할 때 도움을 받을 수 있는 곳은 어디인가요? ····198

[section 10.3] 신용 회복과 정부 지원금 활용 ····200
Q1. 신용이 안 좋은 출을 때 다시 회복하려면 어떻게 해야 하나요? ····200
Q2. 출소 후 받을 수 있는 정부 지원금이나 보조금에는 어떤 것이 있나요? ····204
Q3. 경제적으로 안정되기까지 어떤 단계를 밟아가는 것이 좋을까요? ····206

Chapter 11 출소 절차와 가석방 행정 절차 ····210

PART 4_ 자유로의 귀환, 다시 삶을 쌓아가다

Chapter 11 출소 절차와 가석방 이해하기 ····210

[section 11.1] 출소 전 준비물과 행정 절차 ····210
Q1. 출소 전 준비해야 할 서류는 무엇인가요? ····210
Q2. 출소 당일 어떤 절차를 거치게 되나요? ····211
Q3. 출소 직후 가장 먼저 해결해야 할 범적 문제는 무엇인가요? ····212
Q4. 신분증과 건강보험 등 필수 서류는 어떻게 다시 발급받나요? ····214

[section 11.2] 가석방의 기준과 심사 과정 ·········· **216**
Q1. 가석방 자격 요건은 무엇이며 어떻게 신청하나요? ·········· 216
Q2. 가석방 심사에서 어떤 요소가 중요하게 평가되나요? ·········· 217
Q3. 가석방 이후 준수해야 할 조건과 규칙은 무엇인가요? ·········· 219
Q4. 가석방 심사에서 좋은 인상을 주기 위한 방법은 무엇인가요? ·········· 221

[section 11.3] 전자감독 대상자의 생활 요령 ·········· **222**
Q1. 전자발찌 착용 대상과 규정은 어떻게 되나요? ·········· 222
Q2. 보호관찰 기간 중 어떤 의무를 이행해야 하나요? ·········· 223
Q3. 전자감독을 위반 시 어떤 법적 결과가 발생하나요? ·········· 224
Q4. 전자발찌를 착용하고 일상생활을 할 때 주의할 점은 무엇인가요? ·········· 226

Chapter 12 새 둥지 틀기 - 주거와 일자리 마련 ·········· **227**

[section 12.1] 출소자 주거지 확보 방법 ·········· **227**
Q1. 출소 직후 갈 곳이 없다면 어디서 지낼 수 있을까요? ·········· 227
Q2. 출소 후 임시 주거 시설을 이용할 수 있는 방법은 무엇인가요? ·········· 228
Q3. 출소자를 위한 주택 지원 프로그램에는 어떤 것이 있나요? ·········· 229
Q4. 임대차 계약 시 전과 기록으로 인한 불이익을 최소화하는 방법은 무엇인가요? ·········· 230

[section 12.2] 구직 시 겪는 편견 대응법 ·········· **231**
Q1. 이력서와 면접에서 전과 기록을 어떻게 설명하는 것이 효과적인가요? ·········· 231
Q2. 취업 거절을 여러 번 받았을 때 어떻게 마음을 다잡아야 할까요? ·········· 233

[section 12.3] 취업을 위한 현실적 전략 ·········· **234**
Q1. 출소자 취업 지원 프로그램은 어떻게 이용할 수 있나요? ·········· 234
Q2. 출소자 채용에 우호적인 업종과 기업은 어디인가요? ·········· 236
Q3. 취업이 어렵다면 일용직이나 임시 일자리는 어떻게 구할 수 있나요? ·········· 237
Q4. 구직 활동 중에 지원받을 수 있는 생계 지원은 무엇이 있나요? ·········· 239

Chapter 13 다시 세상 속으로 - 일상 회복의 첫걸음 ·········· **241**

[section 13.1] 사회 변화에 대한 두려움 다루기 ·········· **241**
Q1. 세상이 많이 바뀌었을까 봐 두려운데, 어떻게 적응해야 할까요? ·········· 242
Q2. 사회 복귀 초기에 흔히 느끼는 불안감을 어떻게 다룰 수 있을까요? ·········· 242
Q3. 출소 직후 첫 한 달을 어떻게 보내는 것이 중요할까요? ·········· 243

[section 13.2] 자녀, 부모와의 관계 다시 맺기 244
- Q1. 오랜 부재 후 가족과의 첫 만남을 어색해하지 하나요? 244
- Q2. 자녀가 저를 어색해하거나, 거부감을 보일 때 어떻게 해야 할까요? 244
- Q3. 노부모님께 출소 후 어떻게 다가가는 것이 좋을까요? 245
- Q4. 오랜 기간 역력이 끊긴 가족과 다시 관계를 맺고 싶다면 어떻게 해야 할까요? 246

[section 13.3] 일상을 회복하는 루틴 만들기 246
- Q1. 출소 후 건강한 일상 루틴을 만드는 방법은 무엇인가요? 246
- Q2. 자유로운 환경에 적응하기 위한 첫 단계는 무엇인가요? 247
- Q3. 사회에서 규칙적인 생활을 시작하는 방법은 무엇인가요? 248
- Q4. 출소 후 스트레스를 건강하게 해소하는 방법은 무엇인가요? 248

Chapter 14 낙인을 넘어서 - 편견과 싸우는 법 249

[section 14.1] 나 자신을 용서하는 첫걸음 249
- Q1. 자신의 과거를 어떻게 받아들이는 것이 건강할까요? 249
- Q2. 죄책감과 수치심이 너무 클 때 어떻게 마음을 다스려야 하나요? 250
- Q3. 스스로를 용서하는 과정에서 도움이 되는 생각이나 행동은 무엇인가요? 251
- Q4. 과거의 실수를 미래의 성장으로 바꾸는 마음가짐은 무엇일까요? 251

[section 14.2] 타인의 편견에 대처하는 말과 태도 252
- Q1. 타인의 편견에 대응하는 것이 현명한가요? 252
- Q2. 주변 사람들이 저를 다르게 대할 때 어떻게 말하는 것이 좋을까요? 253
- Q3. 사회적 시선과 편견에 어떻게 대응할 수 있을까요? 253
- Q4. 거절이나 차별을 경험했을 때 어떻게 극복할 수 있을까요? 254

[section 14.3] 과거가 아닌 현재로 말하기 255
- Q1. 새로운 사람들에게 제 과거를 이야기해야 할까요? 255
- Q2. 언제, 어떻게 말하는 것이 좋을까요? 255
- Q3. 제 과거에 대해 물어올 때 어떻게 대답하는 것이 좋을까요? 256
- Q4. 편견이나 새로운 만남에서 저를 어떻게 소개하는 것이 좋을까요? 257
- Q5. 과거보다 현재의 나를 보여주는 효과적인 방법은 무엇인가요? 257

Chapter 15 다시 맺는 인연 - 관계의 회복과 선택 258

[section 15.1] 멀어진 관계를 다시 이어보려면 258

Q1. 오랜 부재 후 배우자와 자녀와의 신뢰를 회복하기 위한 구체적인 방법은 무엇인가요?	258
Q2. 가족 갈등이 발생했을 때 건강하게 해결하는 방법은 무엇인가요?	259
Q3. 오해나 갈등으로 멀어진 사람과의 관계를 맺고 싶다면 어떻게 해야 할까요?	259

[section 15.2] 피해야 할 사람과 다가가야 할 사람 ... 260
Q1. 옛 친구들과의 관계를 어떻게 회복하거나 정리해야 하나요?	260
Q2. 범죄에 영향을 주었던 관계는 어떻게 끊는 것이 좋을까요?	261
Q3. 도움이 될 수 있는 새로운 인간관계는 어디서 어떻게 만들 수 있을까요?	261
Q4. 건전하고 새로운 인간관계를 형성하는 효과적인 방법은 무엇인가요?	262

[section 15.3] 사회 속에서 신뢰 쌓는 방법 ... 262
Q1. 지역사회에서 받아들여지기 위한 첫걸음은 무엇인가요?	262
Q2. 사회 구성원으로서 소속감을 회복하는 구체적인 방법은 무엇인가요?	263
Q3. 이웃이나 직장 동료와 좋은 관계를 맺는 방법은 무엇인가요?	264
Q4. 신뢰를 잃은 후 다시 쌓아가는 데 얼마나 시간이 걸리나요?	264

Chapter 16 새로운 나를 지키기: 재범 위험 요소 인식과 극복 방법 ... 265

[section 16.1] 내가 흔들릴 때 나타나는 신호들 ... 265
Q1. 재범으로 이어질 수 있는 주요 위험 신호는 무엇인가요?	265
Q2. 과거의 범죄 패턴을 어떻게 분석하고 이해할 수 있을까요?	266
Q3. 스트레스와 위기 상황에서 충동을 통제하는 방법은 무엇인가요?	266

[section 16.2] 다시 무너지지 않기 위한 구조 요청법 ... 267
Q1. 위기 시 도움을 요청할 수 있는 지원 네트워크를 어떻게 만들 수 있나요?	267
Q2. 전문적인 상담이나 치료 프로그램은 어떻게 이용할 수 있나요?	268
Q3. 자조 모임과 회복 커뮤니티가 재범 방지에 어떻게 도움이 되나요?	268
Q4. 재범 없는 새 삶을 위한 장기적인 목표 설정과 동기 유지 방법은?	269

보 록

각종 서식 및 양식	273
반성문 및 탄원서(유형별 및 항목별 통합기재례)	295
형의 집행 및 수용자의 처우에 관한 법률(인용조문 3단비교)	331
교정시설 외부 지원기관 목록 및 연락처	399

72

〈스트레칭 의의와 방법 효과〉

교도소 내 수감자들에게 스트레칭은 신체적, 정신적 건강을 유지하고 교화에 도움을 주는 매우 중요한 활동입니다. 폐쇄된 공간에서 제한된 생활을 하는 수감자들에게 스트레칭이 어떤 의미를 가지며, 어떤 방법과 효과가 있는지 자세히 알려드립니다.

❶ 스트레칭의 의의

교도소 내 수감자들은 여러 가지 어려움에 직면해 있습니다. 좁은 공간, 제한된 신체 활동, 심리적 압박감 등은 신체와 정신 모두에 부정적인 영향을 미칩니다. 이러한 환경에서 스트레칭은 다음과 같은 중요한 의미를 지닙니다.

* **신체적 활력 유지** : 장시간 앉아 있거나 누워있는 생활로 인해진 근육과 관절을 풀어주고, 혈액 순환을 원활하게 하여 몸의 활력을 되찾는데 도움을 줍니다.

* **정신적 안정감 부여** : 스트레칭을 통해 몸을 이완시키면 긴장과 불안을 해소하고, 심리적인 안정감을 얻을 수 있습니다. 마음을 차분하게 가라앉히는데 기여합니다. 또한, 자신만의 시간을 가짐으로써 생활 속에서 자신의 몸에 집중하고, 서두를 돌보는 시간을 가질 수 있습니다.

* **질병 예방** : 규칙적으로 하는 운동, 관절염, 소화 불량 등 여러 신체적 질병을 예방하는 효과가 있습니다. 특히 스트레스성 질환을 완화하는 데 효과적입니다.

❷ 스트레칭의 방법

교도소 내 환경을 고려할 때, 특별한 도구 없이 맨몸으로 할 수 있는 스트레칭이 가장 효과적입니다. 신체 부위별로 간단하게 진행하고, 통증이 느껴지지 않는 범위 내에서 개별합니다. 모든 동작은 부드럽게 진행하고, 통증이 느껴지지 않는 범위 내에서 15~30초씩 유지하는 것이 좋습니다.

* 상체 스트레칭

1) 목 스트레칭
· 고개를 오른쪽으로 천천히 기울여 오른쪽 어깨에 닿도록 합니다.
· 왼손으로 머리를 지그시 눌러주면 더 효과적으로 스트레칭을 할 수 있습니다. 반대쪽도 동일하게 반복합니다.
· 또한, 고개를 숙여 턱이 가슴에 닿도록 하고, 양손으로 뒤통수를 가볍게 눌러 목 뒤쪽 근육을 늘려줍니다.

2) 어깨 스트레칭
· 오른팔을 앞으로 쭉 뻗어 왼쪽 어깨 쪽으로 가져갑니다. 왼팔로 오른팔을 감싸안고 몸쪽으로 당겨줍니다.
· 반대쪽도 동일하게 반복합니다.

3) 팔 스트레칭
· 오른팔을 머리 위로 올리고 왼손으로 오른팔 팔꿈치를 잡고 왼쪽으로 당겨줍니다. 반대쪽도 동일하게 반복합니다.

4) 가슴 스트레칭
· 양손을 뒤에서 깍지 끼고, 어깨 뒤로 젖히면서 팔을 위로 들어 올립니다.

❸ 스트레칭의 효과

규칙적인 스트레칭은 수감자들에게 다음과 같은 긍정적인 효과를 가져다 줍니다.

* 하체 스트레칭

1) 다리 스트레칭
· 앉은 상태에서 한쪽 다리를 쭉 펴고, 다른 쪽 다리는 무릎을 굽혀 발바닥을 하벅지 안쪽에 댑니다.
· 상체를 펴진 다리 쪽 방향으로 숙여 발끝을 잡습니다.

2) 허벅지 앞쪽 스트레칭
· 양 다리를 벌리고 앉아 상체를 앞으로 숙여줍니다.
· 선 상태에서 한쪽 발목을 잡고 엉덩이 쪽으로 끌어 당깁니다. 벽이나 의자를 잡고 균형을 유지해도 좋습니다.

3) 허리 스트레칭
· 바로 누운 상태에서 한쪽 무릎을 가슴 쪽으로 끌어 당깁니다.
· 양손으로 무릎을 감싸안고 하벅지가 복부에 닿도록 눌러줍니다.
· 바로 누운 상태에서 양팔을 양옆으로 벌리고, 무릎을 굽혀 오른쪽으로 넘겨줍니다. 시선은 반대(왼쪽)를 향합니다. 반대쪽도 동일하게 반복합니다.

2) 정신적 효과:

· **스트레스 해소** : 스트레칭은 부교감 신경을 활성화시켜 심신을 안정시키고, 스트레스 호르몬인 코르티솔 수치를 낮춥니다.
· **심리적 안정감 증진** : 자신의 몸에 집중하는 과정은 불안감을 줄이고 마음을 평온하게 만듭니다.
· **집중력 향상** : 규칙적인 스트레칭은 뇌 활동을 활발하게 하여 집중력을 높이는 데 도움을 줍니다.
· **감정적 마음 향상** : 자신의 몸을 스스로 관리하고 있다는 만족감은 긍정적인 자존감을 높이는데 기여합니다.

1) 신체적 효과:
· **근육 및 관절 유연성 향상** : 근육 경직으로 인한 요통, 어깨 결림 등의 통증을 완화하고, 피로를 해소해 관절의 가동 범위를 넓혀 신체의 유연성을 높입니다.
· **혈액 순환 개선** : 몸속 이완시켜 혈액과 산소 공급을 원활하게 해주어 재발을 막습니다.
· **부상 위험 감소** : 유연성이 높아지면 갑작스러운 움직임으로 인한 부상 위험을 줄일 수 있습니다.

이렇듯,
스트레칭은 단순한 신체활동을 넘어, 수감자들이 자신을 돌아보고 건강한 마음을 되찾는 중요한 수단이 될 수 있습니다. 이는, 결국 출소 후 사회 복귀를 위한 중요한 발걸음이 될 것입니다.

73

〈하루 10분! 스트레칭〉

호흡에 신경쓰면서 하루에 10분씩만 스트레칭을 따라해보세요.

① 양손 엄지 손가락으로 목 뒤로 젖혀들기

② 한손으로 서서히 머리 당겨주기(좌, 우)

③ 깍지 낀 손과 함께 머리 숙이기

④ 양손을 빼고 최대한 위로 늘리기

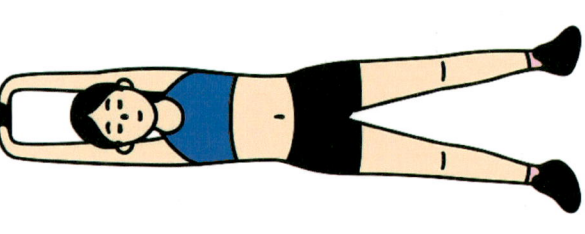

⑤ 깍지 낀 팔과 함께 몸을 40° 당겨주기(좌, 우)

⑥ 깍지 낀 팔과 함께 상체 숙이기

7 한 팔 쭉 펴고 반대팔로 당겨주기(좌, 우)

8 한쪽 팔 머리위로 구부려 반대팔로 돌려주기(좌, 우)

9 한 손으로 발 잡고 뒤로 당겨주기(좌, 우)

10 무릎을 편 채로 상체 숙이기

11 한쪽 다리만 구부린 상태에서 상체 숙이기(좌, 우)

12 앉은으로 무릎잡고 아깨 비틀기(좌, 우)

13 무릎을 펴고 앉아 상체 숙이기

14 한쪽 다리만 구부려 상체 숙이기(좌, 우)

15 발바닥을 서로 붙이고 상체 숙이기

⑰ 양다리를 벌리고 앉아 상체 숙이기

⑱ 앞다리는 구부리고 뒷다리는 펴서 상체 뒤로 젖혀들기(좌, 우)

⑯ 양다리를 교차시켜서 상체 숙이기(좌, 우)

㉑ 무릎 꿇고 앉아 몸 움츠리기

⑳ 땅을 짚어서 상체를 뒤로 눌러주기

⑲ 손끝을 무릎을 향해 놓아주고 앉기

㉔ 무릎을 땅에 지탱하고 겹친 손을 사선으로 높이 눌러주기(좌, 우)

㉓ 무릎을 땅에 지탱하고 엉덩이를 들어올려 상체 숙이기

㉒ 무릎 꿇고 앉아 상체 숙이기

76

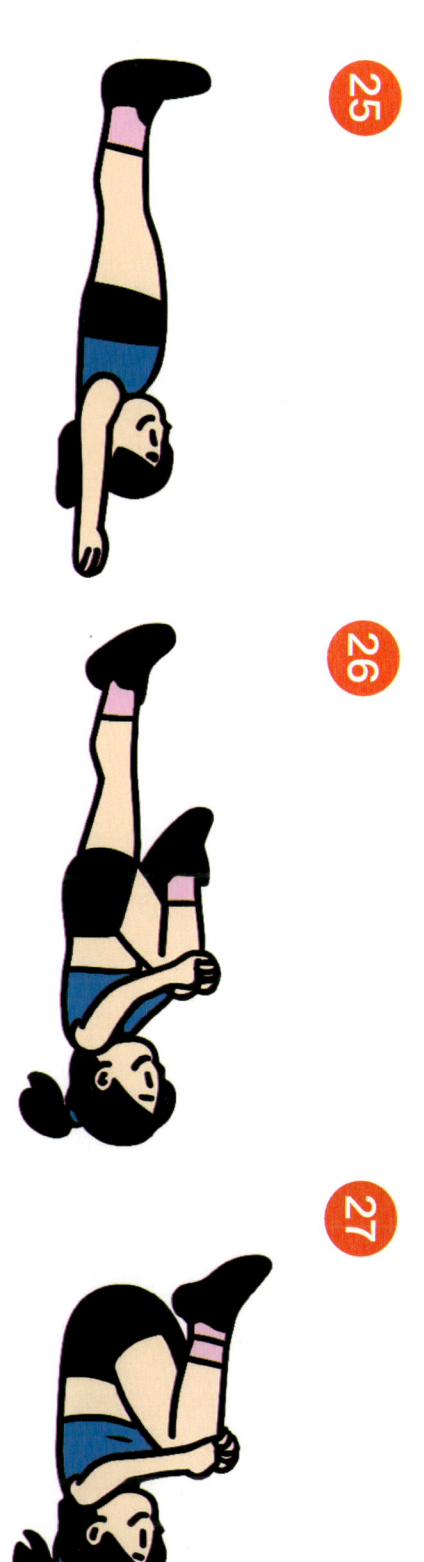

25 손끝부터 발끝까지 늘려주기

26 한쪽 무릎을 가슴쪽으로 당겨주기(좌, 우)

27 양쪽 무릎을 가슴쪽으로 당겨주기

28 한 손으로 반대다리를 눌러주며 몸 비틀기(좌, 우)

29 양손을 뻗고 최대한 위로 늘리기

30 누운 상태에서 양손을 땅에 지탱하며 허리 들어올리기

교정시설 외부 지원기관 목록 및 연락처

❶ 법률 지원

기관명	주요 지원 내용	연락처	홈페이지	비고
대한법률 구조공단	• 법률상담, 변호사 소송대리 및 형사변호 • 출소 후 민사소송, 채무 문제 법률상담 및 소송지원	☎ 132	-	경제적 어려움이나 법 지식 부족 국민 대상
대한 변호사협회	"나의 변호사" 서비스 • 전국 변호사 검색, 법률상담 예약 • 전문분야별 변호사 검색	☎ 02) 2087-7714	www.koreanbar.or.kr	변호사 선임 시 전문성, 소통능력, 정직성, 헌신 고려
온라인 법률 플랫폼 (예: 로톡)	• 사건분야별, 지역별 변호사 검색 • 변호사 경력, 취급분야, 수임료 정보 • 과거 해결사례, 의뢰인 후기 확인	-	www.lawtalk.co.kr	참고자료로 활용, 직접 상담을 통한 자질 검증 필요

❷ 경제 및 취업 지원

기관명	주요 지원 내용	연락처	홈페이지	비고
한국 법무보호 복지공단	• 취업 알선, 직업훈련 (허그일자리 프로그램) • 창업 지원(상담, 교육, 창업자금 대출 최대 5천만원 또는 2천만원) • 긴급 생계비 지원 (월 최대 약 20만원) • 의료비 지원 (약 30만원 수준)	☎ 1670-7004	www.koreha.or.kr	출소 전 교정시설 사회복지사나 분류심사관 통해 연계 가능
고용노동부 고용센터	• 국민취업지원제도 (구직촉진수당 월 50만원 최대 6개월, 취업성공수당 최대 100만원) • 1:1 취업상담, 직업심리검사, 취업특강 • 국민내일배움카드 (훈련비 최대 300~500만원, 훈련장려금 월 최대 40만원)	☎ 1350	www.workplus.go.kr	출소예정자는 법무부 장관이나 법무보호복지공단 추천으로 참여 가능
소상공인 시장진흥공단	• 예비 창업자 대상 무료 교육 및 상담 • 창업 절차, 상권 분석, 자금 조달 조언 • 멘토링 지원	-	www.semas.or.kr	소상공인 지식배움터 운영
중소벤처 기업부	• 창업지원센터 운영 • 예비 창업자 대상 컨설팅, 자금 지원, 멘토링 • 소상공인 정책자금 지원	☎ 1357	mss.go.kr	중소기업 통합콜센터
지방자치 단체	• 지역별 창업 교육, 멘토 연결, 창업 공간 지원 • 지방자금 지원 • 일자리센터, 복지관 통한 취업상담, 직업훈련	-	-	거주 지역 주민센터 및 시청 문의

③ 주거 지원

기관명	주요 지원 내용	연락처	홈페이지	비고
한국 법무보호 복지공단	• 무주택 출소자 대상 숙식 제공 (생활관, 희망의 집) • 여성 출소자와 자녀를 위한 '여성지원센터' • LH 연계 중장기 주거지원 사업	☎ 1670-7004	www. koreha. or.kr	최대 6개월, 특별시 1년까지, 무료 또는 월 5~10만원
LH (한국토지 주택공사)	• 공공임대주택 (영구임대, 매입임대) • 전세임대주택 공급 • 주거취약계층 주거지원 사업	☎ 1600-1004	-	LH청약센터
보건복지부	• 긴급복지지원제도 (긴급 주거지원, 임시주거비) • 주거급여 (저소득 가구 임대료 및 주택 수리비 지원)	☎ 129	www. bokjiro. go.kr	보건복지상담센터
지방자치단체	• 노숙인 일시보호시설 운영 • 자활주택, 자활공공주택 공급 • 자체 주거 지원 사업	-	-	가주지 주민센터나 일자리센터 문의
종교 단체 및 기타 쉼터	• 출소자 임시보호시설 (쉼터) 운영 • 숙식 및 상담, 자립 지원	-	-	종교 활동 참여 권장 또는 필수일 수 있음

④ 심리 및 가족 지원, 인권 보호

기관명	주요 지원 내용	연락처	홈페이지	비고
아동복지 실천회 세움	• 수용자 자녀 전문 지원 • 심리·정서 지원, 교육 지원, 경제적 지원 • 법률 및 정책 개선 활동 • 아동친화적 가족접견실 운영	☎ 02) 6929-0936	iseum. or.kr	자녀 양육 지원서, 메타버스 접견 체험 제공
한국 법무보호 복지공단	• 가족 심리 상담 • 가족관계 향상 프로그램 • 심리 상담 제공	☎ 1670-7004	www. koreha. or.kr	가족캠프, 가족 나들이, 가족만의 날 행사 등
정신건강 복지센터	• 지역사회 기반 심리 상담 • 정신과 진료 연계 • 사례 관리	☎ 1577-0199	-	정신건강 상담전화
국가인권 위원회	• 교정시설 내 인권침해 진정 접수 • 조사 및 구제 조치	☎ 02) 2125-9700	www. humanrights. go.kr	교정공무원에 의한 폭행, 가혹행위, 부당한 처벌 등
법무부 인권국	• 교정시설 내 인권침해 사안 진정 접수	-	-	-

❺ 신용 회복 및 채무 조정

기관명	주요 지원 내용	연락처	홈페이지	비고
신용회복위원회	• 과다 채무자 대상 채무조정 • 채무 감면, 이자율 조정, 장기 분할상환 지원	☎ 1600-5500	-	신속채무조정, 프리워크아웃, 개인워크아웃
서민금융통합지원센터	• 미소금융 (무담보·무보증 생활자금 및 창업자금 대출) • 서민금융 지원	☎ 1397	-	저신용자 대상
법원	• 개인회생 및 개인파산 절차 진행	-	-	신용회복위원회 지원이 어렵거나 채무액 과도한 경우 최후 수단

❻ 기타 (자조 모임, 일반 정보)

기관명	주요 지원 내용	연락처	홈페이지	비고
자조 모임	• 비슷한 경험자들과의 교류 • 고립감 해소, 지지 및 정보 교환 • 재발 방지 전략 학습	-	-	AA(단주), NA(마약중독자), GA(도박중독자) 등
교정민원 콜센터	• 스마트접견, 전화 통화 관련 문의 • 지인 등록 절차 안내	☎ 1363	-	-
인터넷 우체국	• e-그린우편 서비스 • 인터넷으로 편지 작성 시 우체국에서 출력하여 배달	-	epost.go.kr	PC 환경에서만 이용 가능, 유료 서비스
국민건강보험공단	• 건강보험 자격 확인 • 보험료 납부 확인 • 건강보험료 경감 신청	☎ 1577-1000	www.nhis.or.kr	출소 후 재정 어려움 시 최대 50% 감면
국민연금공단	• 국민연금 가입증명서 발급 • 연금 납부 이력 및 가입 기간 확인	☎ 1355	www.nps.or.kr	-

※ 참고사항

• 위에 언급된 기관 외에도 지역별로 다양한 민간단체나 종교기관에서 출소자 지원 활동을 하고 있습니다.
• 적극적으로 정보를 찾아보고 도움을 요청하시기 바랍니다.
• 혼자 해결하기 어려운 문제는 주변의 도움을 받아 함께 해결하는 것이 중요합니다.

저자 소개

'법'의 이름으로, 배랑 끝 '삶'을 붙드는 사람들

이홍주 변호사 - '냉정한 판결 속에서도 희복을 꿈꾸다'

이홍주 변호사는 20년 남게 소송과 자문 업무를 중심으로 실무를 이어온 법률가다. 고려대학교를 졸업하고 제43회 사법시험에 합격(2001), 사법연수원 33기를 수료한 후 법무법인 덕수에서 민사, 형사, 금융, 보험 등 폭넓은 사건을 다뤄왔다. 보험사기 등 형사사건에서 무죄판결의 안도감과 법정구속의 참담함을 모두 경험하며, '법이 인간에게 남길 수 있는 마지막 기록은 무엇인가'에 대해 오랜 시간 고민해왔다. 국가인권위원회 전문상담위원, 서울지방변호사회 인권위원으로 활동하며 사회의 경계에 선 이들에게 법의 언어가 닿도록 애썼다. 이 책은 그가 실무 현장에서 쐰 '회복을 향한 기록'이자, 절망을 마주한 사람에게 법이 어떤 가능성이 될 수 있는지 묻는 답변한 응답이다.

(이홍주, 법무법인 덕수, hongjoo.lee@duksu.co.kr).

황준협 변호사 - '형사절차 한가운데서 초연을 지키다'

황준협 변호사는 서울중앙지방법원과 서울서부지방법원에서 국선전담 변호인으로 활동하며 1년에 100건에 달하는 구속 사건을 맡아 구치소와 법정을 오갔다. 연세대학교 졸업하고 법학전문대학원에 입학, 제3회 변호사시험에 합격한 후 법무법인 덕수에서 경력을 시작해 현재는 파트너 변호사로 일하고 있다. 그는 형사, 기업법무, 이혼·상속, 민사 등 다양한 분야에서 송무와 자문을 수행하고 있으며, 더러 형사사건에서 양정기자, 무죄, 불송치, 협의 없음 처분 등을 이끌어냈다. 이러한 성과는 의뢰인의 절박함을 진심으로 이해하고자 한 태도에서 비롯되었으며, 현재 대한변호사협회 형사전문변호사로도 활동 중이다. 자신의 경험은 개인 블로그를 통해 공유하고 있으며, 이 책을 통해 대한 인생의 어느 한 법을 지나고 있는 이들에게 따뜻하고 현실적인 조언을 건네고자 한다.

(황준협, 법무법인 덕수, junhyup.hwang@duksu.co.kr).

조영관 변호사 - '법의 이면에 인권의 온기를 불어넣다'

조영관 변호사는 '인권'이라는 단어를 삶의 중심에 두고 살아온 사람이다. 4.16 세월호 참사 특별조사위원회, 대검찰청 진상조사단, 법무부 인권정책 자문위원 등으로 활동했고, 사단법인 이주민센터 친구 센터장으로도 일했다. 고려대학교 정치외교학과를 졸업하고 인하대학교 법학전문대학원을 거쳐 제3회 변호사시험에 합격했으며, 서울대학교 법학전문대학원 전문박사(행정법) 과정을 수료했다. 법무법인 덕수의 파트너 변호사로 이주민·이주인권 관련 공익 사건을 주로 맡아왔다. '교정시설 수용자 인권 및 처우 개선방안' 연구 책임자로 활동하며 수용자의 삶에 주목했고, 〈동부구치소 코로나19 사망 사건〉과 〈과밀수용 집단소송〉을 통해 변화의 단초를 만들고자 했다. 이 책은 수용자의 존엄성과 인간의 권리를 위한 그의 오랜 사유와 실천을 담고 있다.

(조영관, 법무법인 덕수, youngkwan.cho@duksu.co.kr).

임애리 변호사 - "'이야기'로 법과 세상의 경계를 허물다'

임애리 변호사는 어려운 법률 이야기를 누구나 이해할 수 있는 언어로 풀어내는 특별한 재능을 가졌다. 『웰튼 작가에게 변호사 친구가 생겼다』, 『고소의 정석』 등 그녀의 책들은 법의 높은 문턱을 낮추고, 법률이라는 낯선 영역을 대중과 연결하는 다리 역할을 해왔다.

대법원 국선변호인으로서 수많은 사건을 다루면서도, 그녀의 시선은 사회적 약자에게 더 깊이 머물렀다. 친족성폭력 피해, 존속살해 등 가장 비극적인 사건의 변호를 맡으며 인간의 고통을 끌어안았고, 과거 긴급조치 위반 사건의 재심을 이끌며 국가 폭력의 상처를 치유하는 데 힘을 보탰다. 예술인 성폭력 피해 지원, 여성 및 사회적 약자인권 관련 활동에도 꾸준히 참여해왔다. 다방면의 경험을 통해 다져진 그녀의 공감 능력과 섬세한 시선은 이 책의문장마다 따뜻한 숨결을 불어넣는다. 임 변호사는 이 책을 통해 법과 사람 사이의 가리를 좁히고, 상처 입은 이들이 다시 '삶'의 이름으로 자신을 되찾는 여정을 함께 건고자 한다.

(임애리, 법무법인 대세 서울지사, aeri.yim@daeselaw.com).

이형준 변호사 - '경제범죄의 최전선에서 전문성으로 답하다'

이형준 변호사는 특히 숫자와 계약, 수법과 정황이 복잡하게 얽힌 경제범죄 변론을 통해 무너진 삶의 기반을 다시 세우는 법률가다. 충북대학교에서 철학, 영문학, 경영학을 복수전공한 그는, 사유의 깊이와 언어의 감각, 비즈니스 현실에 대한 이해를 함께 갖춘 드문 이력을 지녔다. 이후 충북대학교 법학전문대학원을 졸업하고 제3회 변호사시험에 합격하며 법조인의 길에 들어섰다. 대법원과 서울남부지방법원에서 국선변호인으로 활동하며 형사사건의 경험을 쌓았고, 경찰서 수사민원 상담변호사, 정보공개위원회 위원으로 일했다. 그는 사기, 횡령, 배임 등 복잡한 경제범죄 속에서 의뢰인의 위기를 정면으로 마주하며, 치밀한 사실관계 분석과 날카로운 법리로 해결의 실마리를 찾아왔다. 이 책은 실무 현장에서 얻은 통찰과 책임의 기록이며, 삶이 다시 시작될 수 있음을 증명하고자 하는 노력의 결과다.

(이형준, 법무법인 덕수, hyeongjun.lee@duksu.co.kr).

당신의 새출발을 응원합니다-

이형준, 법무법인 덕수

오늘을 견디고, 내일을 연다

저자 | 이흥주, 황준협, 조영관, 임애리, 이형준 변호사
집필 총괄 | 이흥주 변호사
펴낸이 | 원종한
발행일 | 2025년 9월 30일
출판사 | 충주문화사
주소 | 서울시 중구 초동 42 아시아미디어타워 302호
전화 | 02-2277-7119
홈페이지 | www.cjpod.co.kr
이메일 | cj7114@hanmail.net

ISBN 979-11-86714-65-2 03190

가격 24,000원